NOTICE HISTORIQUE

SUR LE

CHATEAU-FORT

DE

COUCY

Par le Secrétaire
de la « Société Académique de Chauny »

2e EDITION

AUGMENTÉE DE LA

DESCRIPTION DU CHATEAU

Au XVe Siècle.

Du poète d'Astesan, Secrétaire du duc d'Orléans

ET DE LA

Notice sur les Sires de Coucy

Du sieur Jovet (XVIIe Siècle).

CHAUNY
IMPRIMERIE Edmond TROUVÉ
Libraire-Éditeur

1889

NOTICE HISTORIQUE

SUR

LE CHATEAU-FORT DE COUCY

NOTICE HISTORIQUE

SUR LE

CHATEAU-FORT

DE

COUCY

Par le Secrétaire
de la « Société Académique de Chauny »
l'abbé Jules Caron

2e EDITION

AUGMENTÉE DE LA

DESCRIPTION DU CHATEAU

Au XVe Siècle.

Du poète d'Astesan, Secrétaire du duc d'Orléans

ET DE LA

Notice sur les Sires de Coucy

Du sieur Jovet (XVIIe Siècle).

CHAUNY
IMPRIMERIE Edmond TROUVÉ
Libraire-Éditeur

1889

EN VENTE :

Chez l'éditeur Ed. Trouvé, à Chauny.
Chez M. Guérin, à Coucy-le-Château.
Chez le Gardien des Ruines du Château de Coucy.

NOTICE HISTORIQUE

SUR

COUCY-LE-CHATEAU

I

DE CHAUNY A COUCY

La route la plus directe de *Paris à Coucy-le-Château* est la grande voie ferrée du Nord (Paris à Erquelines) jusqu'à *Chauny* (1), où l'on descend pour prendre de suite la petite *ligne de Chauny à Anizy-Pinon.*

Installés dans les wagons, nous franchissons, à toute vapeur, le pont du canal et le pont tournant de l'Oise.

GARE-USINE. — Cette gare est affectée presqu'exclusivement au service des usines de Saint-Gobain et de Chauny. M. Augustin Cochin, un ancien administrateur, dont le nom est resté populaire parmi nous, retrace admirablement, en ces termes, la physionomie de ce quartier :

« Je tombe entre des bateaux, entre des chariots, des wagons, des roues, des chaudières. Ici, on poli, on douci, on étame les glaces; là, on fabrique l'acide sulfurique dans

(1) Chauny, chef-lieu de canton du département de l'Aisne, compte près de 10,000 habitants. La ville possède plusieurs monuments dignes d'être visités. Les deux églises, le nouvel Hôtel-de-ville, l'Hôtel Dieu.
Voir pour de plus amples renseignements l'*Histoire* populaire de Chauny et des environs, par M. l'abbé J. Caron. Un volume in-8° relié et orné de nombreuses gravures. En vente chez M. Trouvé, libraire Chauny : Prix, 3 fr. 25.

des chambres de plomb qui coûtent 40,000 fr., et on le concentre dans des vases de platine qui coûtent 70,000 fr. On compose et on décompose la soude et les sulfates et les sulfites et les chlorates et les carbonates; tous les sens sont bravés à la fois, et l'homme triomphe de tous ses sens : il vit dans ces odeurs, à travers ce bruit, malgré cette fumée; pour aller plus vite, il réduit en esclavage le fer, le feu, la terre et l'eau. Une machine fait un tonneau entier en cinq minutes, une autre fait cent feuilles d'étain en un quart d'heure; on scie, on brûle, on coule d'énormes roues, d'incroyables volants, bien soignés, bien lavés; animaux majestueux, remuant avec une bonhomie terrible. On sort de là étourdi, entre la courbature et l'admiration. » *Biographie de M. Cochin*, par M. le comte de Falloux, p. 213.

Le verre à glace est composé, on le sait, de sable siliceux, de soude et de chaux. Ces matières sont fondues dans des creusets, puis soumises à la manipulation. On obtient les glaces en étendant le verre en fusion, le plus régulièrement possible, sur de grandes tables de cuivre ou de fonte; on fait passer sur la pâte brûlante un rouleau très lourd qui aplatit et égalise la matière. La glace est dès lors formée; mais, pour lui donner une solidité suffisante, il faut la faire refroidir par degrés et, à cet effet, on la place dans un four chauffé à rouge, nommé *carcaise*, que l'on ferme hermétiquement; ce procédé s'appelle le *coulage :* il se fait à Saint-Gobain. Après cette opération, les glaces sont envoyées à Chauny, où elles sont soumises au *doucissage*, à l'*équarissage*, au *savonnage* et au *polissage*. Destinées à servir de miroir, on les *étame*, c'est-à-dire qu'on enduit l'un des côtés de la glace d'un amalgame d'étain et de mercure, ce qui rend l'autre côté brillant et lui donne la faculté de réfléchir. Combien de gens, que je connais, auraient besoin de cette faculté là !

L'administration produit plus de 170,000 mètres carrés de glaces par an. A Chauny, le périmètre des usines renferme une étendue de trente hectares, dont quatorze sont couverts de bâtiments. La moitié de cette immense enceinte est consacrée à la fabrique des produits chimiques. Pour comprendre toute l'importance de cette fabrication et le degré d'attention qu'elle mérite, il faut savoir que les produits chimiques — sulfate de soude, qui déjà, depuis longtemps a remplacé le carbonate — forment la base la plus essentielle de la vitrification et que de leur bonne qualité dépendent en grande partie la beauté et la pureté des glaces.

Du reste l'administration est la cause première de la prospérité du pays. Il y a cent ans, Chauny n'avait pas 5,000 habitants ; aujourd'hui, il en compte presque 10,000 !

SINCENY, ce beau village, qui, de la gare, semble sortir d'un bouquet de verdure, était, lui aussi, bien modeste alors, avec ses 1,400 habitants, sa vieille église et sa petite école, sa *fabrique aux poteries renommées*, et son hameau, Autreville.

Aujourd'hui, Sinceny est un faubourg de Chauny, sa population est de 1,994 habitants ; il a relevé son église et ses écoles. L'antique hameau s'est détaché de la commune en 1836 ; il est devenu lui même une commune de plus de 1,000 habitants :

D'où vient ce progrés extraordinaire ? Nous l'avons dit : de l'Usine des Glaces et Produits chimiques, qui a multiplié autour d'elle les cités ouvrières, sur les terroirs de Chauny, Sinceny et Autreville.

ROND-D'ORLÉANS. — (*Halte* et *bifurcation*). La nouvelle ligne de Chauny à Soissons se détache ici de la ligne de Saint-Gobain et s'enfonce jusqu'à Folembray dans une véritable forêt. Les Chaunois regardent cette forêt comme leur *Bois de Boulogne* ; ils y arrivent en foule les dimanches d'été. Il est si doux de se reposer un peu, au milieu de ces belles futaies, des fatigues d'une semaine de travail ! il est si bon de se promener par ces verdoyantes laies et de respirer à pleins poumons après avoir souvent, et le jour et la nuit, vécu dans une atmosphère impure !

La promenade du Rond-d'Orléans offre au savant plus de charme encore, car elle lui montre un vaste champ d'exploration historique et scientifique ; ici, c'est la *Chaussée romaine* de Soissons à Vermand ; là, sont les *Logettes*, larges fossés qui indiquent l'emplacement d'un *palais royal* ou d'une *maladrerie;* plus loin, les *Berlimonts*, les *Carrières* et *Pernagouste*, lieuxdits fort renommés jadis par le *vin flerrot* du père Nagouste : l'*Allée du Roi* ouverte par François 1er et que traverse la voie ferrée vers Folembray. Puisque nous parlons archéologie, disons que l'origine du nom Folembray vient du latin *folium brayum* endroit humide et boisé. Dans les chartes des VIIe et IXe siècles, on lit *Follanebrayum*.

Les romanciers nous content, à ce sujet, que le roi Henri IV, voyant sa belle Gabrielle larmoyer moult piteusement à son départ s'écria : Oh ! la folle en braye ! De là, disent-ils sans rire, vient le nom.

FOLEMBRAY. — La première gare de ce nom — que l'on peut appeler *Folembray-Usine* — semble n'avoir été ouverte que pour le bon plaisir des artistes. (La Verrerie étant à un kil. de là.) L'ingénieur qui a fait choix de cet emplacement est poète dans l'âme. En effet, ici, nous sommes toujours dans une solitude profonde, dans une forêt séculaire ; ce qui manque au Rond-d'Orléans, une pièce d'eau, nous l'avons ici au complet. Voyez plutôt ce beau lac, dont les eaux limpides baignent le pied de la Verrerie : des tapis de verdure s'avancent jusque sur sa berge, des troupeaux de cerfs et de biches descendent s'y désaltérer. Dans le lointain, le parc et le château moderne de Mme la baronne de Poilly. Le paysage est parfait, et rien ne vient nous distraire dans notre contemplation, pas même l'ombre du vieux donjon des sires de Coucy.

On nous ménage une surprise, à la sortie du tunnel, à la gare de Folembray-Ville. Avant d'être en proie aux extases artistiques que produit la vue des géants de pierre des Enguerrand, descendons vers le lac et visitons la Verrerie ; M. d'Aunay sera notre guide.

« La Verrerie de Folembray, dit-il, appartient à la Société

de Poilly, de Fitz-James et de Brigode ; elle a pour gérant M. le comte de Brigode, et pour directeur, M. Damour. C'est une des plus importantes verreries de France et, sans contredit, c'est celle qui a toujours tenu le premier rang pour la bonne fabrication. Elle a remplacé l'ancienne verrerie royale du Vivier, fondée en 1709 par MM. de Massary et Thévenot, laquelle avait été précédée au même lieu par une verrerie fondée en 1441. L'usine compte huit fours, ayant ensemble cinquante-quatre ouvreaux desservis par soixante équipes de chacune trois hommes et un apprenti. Le verre, en fusion dans un creuset contenant la matière de sept cents bouteilles environ, est enlevé par l'ouvrier au moyen d'une longue tige de fer creux, puis façonné en boule pleine, puis soufflé en boule creuse et ovale, puis tourné dans un moule et devient bouteille. La bouteille, toujours emmanchée au bout de la tige de fer, est mise au four où on lui place une bague, puis, ainsi achevée, elle est détachée de la tige et portée dans un autre four où elle retrouve une température très élevée pour ne se refroidir que petit à petit sans se casser. Les principales de ces opérations se nomment: *Cueillage, paraison, soufflage, moulage* et pose de la bague. Chaque équipe fait de 550 à 650 bouteilles par jour. On produit ainsi à Folembray neuf millions de bouteilles par an pour la Champagne, Cognac et Frontignan. »

Les ateliers sont très vastes ; le personnel est très nombreux ; il y a 1,500 ouvriers environ. Comme à Chauny, la Verrerie a ouvert des écoles, une chapelle, un économat et des cités en faveur de ses ouvriers. « Au sortir de la Verrerie, voici le village, qui est tout plein des souvenirs d'Henri IV et de Gabrielle d'Estrées, mais qui n'a conservé aucun monument de leur séjour et de la paix qu'y conclut le roi avec le duc de Mayenne. D'ailleurs, quel édifice pourrait retenir le curieux à Folembray quand, à trois kilomètres, il voit se dresser le donjon des terribles sires de Coucy avec sa ceinture de murailles et de tours gigantesques, avec les remparts, inaccessibles encore, de la petite cité qui vivait à l'ombre de ce château féodal. »

Rejoignons la seconde gare de Folembray : dans quelques minutes nous toucherons le but de notre promenade.

COUCY !

Coucy! Coucy! c'est bien le cri d'admiration et de surprise qui se trouve sur toutes les lèvres en apercevant les Tours ; car, « malgré son état de ruines, remarque justement M. d'Aunay (loc. cit.), le château de Coucy inspire, à première vue, un sentiment presque respectueux, comparable à celui qu'on éprouve devant les Pyramides, le Colysée ou Saint-Pierre de Rome. L'imagination humaine se trouve dépassée : on ne croyait pas voir si grand. Et, lorsqu'on cherche à se familiariser avec cette forteresse colossale, on arrive bientôt à voir que l'harmonie des proportions contribue presqu'autant que les dimensions à donner à Coucy son aspect terrifiant et grandiose. Bâti sur une éminence isolée de trois côtés et qui domine de quatre-vingt-dix mètres les plaines environnantes, le château de Coucy se compose de quatre énormes tours reliées ensemble par des courtines. Au centre de ce quadrilatère s'élève une cinquième tour beaucoup plus haute que les autres et dont la galerie supérieure, maintenant à jour, devait porter toute une armature de hourds en bois, abritant, contre les assaillants, des guerriers invisibles. »

« Tout est colossal dans ce château, écrit M. Viollet-le-Duc dans son rapport fait au gouvernement au sujet de la restauration des ruines. Quoique exécutée avec grand soin, la construction a quelque chose de rude et de sauvage qui rapetisse l'homme de notre temps. Il semble que les habitants de cette demeure devaient appartenir à une race de géants, car tout ce qui tient à l'usage habituel est à une échelle supérieure à celle admise aujourd'hui : les marches des escaliers, les allèges des créneaux, les bancs sont faits pour des hommes au-dessus de l'ordinaire.

Pour bien faire apprécier la force de cette redoutable citadelle, M. Viollet-le-Duc nous expose encore la série d'efforts qu'aurait exigé un siège en règle : « L'assiégeant devait franchir la première porte et son pont-levis, traverser un chemin sous les projectiles lancés de la partie supérieure de la *chemise* et du crénelage, forcer deux vanteaux et affronter un mâchicoulis. Il se trouvait alors en face de la herse donnant sur le fond du fossé de la *chemise*, ayant à sa gauche la porte ferrée qui fermait le bas de l'escalier de la cuisine, et arrêté dans la galerie inférieure par une source qui est un véritable puits dans un souterrain obscur. S'il forçait la herse, il pénétrait dans le fond du fossé intérieur, lequel est dallé et sans communication avec le sol de la cour : battu par les défenses supérieures du donjon, qui lui envoyaient des projectiles d'une hauteur de 60 mètres, et par le chemin de ronde de la courtine, il était perdu, d'autant que les hommes occupant ce chemin de ronde pouvaient descendre par l'escalier, passer dans la galerie de contre-mine, traverser la source sur une planche et lui couper la retraite en reprenant la poterne derrière lui (1). »

Pour pénétrer dans le château. « On y venait du village par une *baille* ou basse-cour où se trouvaient une chapelle romane et le logement du châtelain, le tout ruiné maintenant. Quand on avait traversé la cour, protégée par le donjon, il fallait s'engager sur un pont soutenu par cinq piliers et que cinq portes défendaient successivement. »

L'histoire des sires de Coucy, elle aussi, est bien extraordinaire : on dirait une histoire des temps héroïques. (2).

(1) Nous prions les personnes qui désirent avoir une description plus détaillée du château de Coucy de lire attentivement le poëme d'Astesan. que nous donnons p. 25 et suivantes.

(2) Lire pour de plus amples détails l'*Histoire des anciens seigneurs de Coucy*, par le sieur Jovet, que nous reproduisons in-extenso et d'après le texte primitif, à la fin de cette notice.

En 496, Clovis, devenu maître, par droit de conquête, de la forêt de Cuise (*Sylva Cotia*, d'où est venu le nom de Coucy), donna cette terre à saint Remy, en souvenir de son baptême. A la mort du saint archevêque, l'église de Reims hérita du petit domaine royal et le conserva en paix jusqu'au commencement du xe siècle.

Vers l'an 1079, un Enguerrand s'empara du château, s'engageant à payer, chaque année, une certaine redevance à l'église de Reims. C'était un bien vaillant guerrier que le nouveau maître de Coucy : un malheureux lion, si nous en croyons une tradition légendaire, s'était aventuré, on ne sait trop comment, dans les bois de Saint-Gobain ; — il parcourait la campagne, mangeant et dévorant blés, hommes, femmes et petits enfants !... — Enguerrand le sait... il court aussitôt devers cet animal, et le transperce de sa forte épée !

Thomas de Marle et Enguerrand II, ses successeurs, à défaut de *lions*, faisaient la chasse aux riches voyageurs, qu'ils dépouillaient et tuaient sans merci. Enguerrand II prit la croix (1146). Il mourut en Terre-Sainte.

Raoul Ier, fils d'Enguerrand II, reçut le premier le titre de sire de Coucy, avec cette fière devise :

Roy ne suis,
Ne prince, ne comte aussy,
Je suis le sire de Coucy.

Comme son père, il partit pour la Terre-Sainte et ne revint plus. On lui attribue, mais à tort, l'histoire du sire de Fayel qui fit manger à son épouse infidèle, Gabrielle de Vergy, le cœur du chevalier Raoul qu'elle avait aimé.

Enguerrand III, dit *le Bâtisseur*, succéda à Raoul, son père, en 1191. La grande préoccupation de ce seigneur fut de travailler à étendre au loin sa domination. A cette fin, il éleva, de 1225 à 1230, le formidable château et la ceinture de fortifications dont nous voyons encore les ruines aujourd'hui.

Il est à remarquer que cet illustre sire faisait élever, en même temps, les châteaux-forts d'Assis-sur-Serre, de Folembray, de La Fère, de Marle, de Moyembrie, de Saint-Aubin, de Saint-Gobain et de Saint-Lambert. De toutes ces constructions gigantesques, il ne reste plus guère que les ruines de Coucy, *dont la masse indestructible a fatigué le temps.*

« Nous n'essayerons pas de dire ce qu'il a fallu dépenser, simultanément et en tant d'endroits, d'intelligence, de goût, d'activité et de richesses pécuniaires, pour suffire à des entreprises si vite menées à bonne fin ; nous ne rechercherons pas par quels moyens la main-d'œuvre se trouva assez puissante pour couvrir aussi rapidement le sol de notre contrée de ces merveilles architecturales, mais nous ne pouvons nous lasser d'admirer les ressources, la force d'un génie que ces gigantesques créations étaient loin d'affaiblir. Enguerrand ne se lassait pas de construire parce qu'il ne se lassait pas de s'enrichir ; sa politique venait en aide à ses besoins, et son caractère aussi ambitieux qu'impérieux ne lui laissait perdre aucune occasion de tenter la fortune et de lui arracher ce qu'elle ne pouvait lui offrir. Ajoutons qu'il fut singulièrement aidé par les circonstances.

» Il semble d'ailleurs que la France de Hugues Capet se dépouillait de son manteau suranné pour revêtir de nouveaux atours. La France de Philippe-Auguste se levait radieuse au lendemain de Bouvines, et partout sous ses yeux apparaissait de nouveaux édifices.

» Pour ne parler que de ce qui concerne le domaine de Coucy et ses environs, n'était-ce pas un prodige que cet étrange mouvement dans les carrières, que ces tours s'élevant sous la voûte azurée pour se dorer aux baisers du soleil, que toutes ces églises abbatiales ou cathédrales déchirant les nues des flèches de leurs portails. Ici, tout près, à un quart de lieue au pied du château de Coucy, Nogent éblouissait les regards par la pierre blanche encore de ces constructions ; Prémontré faisait la dédicace de sa nouvelle église ; Saint-Nicolas-aux-Bois cachait modestement ses élégantes tourelles au milieu des profondeurs sombres de la forêt de Saint-Gobain. Plus loin, à quatre lieues de Coucy, la cathédrale de Soissons, commencée depuis deux cents ans, se revêtait de sa couverture, en 1212, tandis que, d'un autre côté, à peu près à égale distance, celle de Laon, depuis longtemps déjà, dominait toutes les belles églises de cette ville. A l'ouest, à quelques lieues également, on voyait du haut du donjon des Coucy, les tours de Notre-Dame de Noyon, alors terminées depuis peu d'années. L'âge d'or de l'architecture naissait véritablement, car, en l'année 1212, en même temps que Saint-Gervais de Soissons achevait de se couvrir, Notre-Dame de Reims se relevait plus splendide que jamais. Partout dans la campagne, les manoirs étaient rajeunis par de somptueux embellissements, et, partout dans les villes, s'élevaient des beffrois, fiers témoignages des franchises communales. » (1)

Raoul II et Enguerrand IV héritèrent successivement du domaine de Coucy : le premier mourut glorieusement en Palestine sur le champ de bataille de Mansourah (2) ; le second s'éteignit tristement dans son manoir, « honteux et repentant d'avoir fait pendre méchamment trois jeunes enfants de l'école monastique de Saint-Nicolas-aux-Bois, qui s'amusaient à chasser sur ses terres, de timides lapins, avec flèches, arcs et sans chiens. » On sait que saint Louis fit arrêter le beau sire et ne lui conserva la vie qu'à la prière des hauts barons du royaume et à de très dures conditions.

(1) *Notice sur les Sires de Coucy*, précédée d'une étude sur la féodalité, par Jules Moreau, 2e édit. Chauny, 1871.

(2) Son corps fut ramené en France et inhumé à l'entrée de l'Église Saint-Martin, de Laon. La pierre tombale de Raoul II de Coucy se voit encore aujourd'hui dans ladite église ; elle est en pierre noire de Belgique, et mesure 2 m. 15 de longueur sur 0 m. 98 de largeur. Le sire de Coucy y est représenté en pied : il est vêtu d'une cotte de mailles et porte son écu, *fascé de vair et de gueules ;* sa tête repose sur un coussin. Cette tombe est sculptée en bas-relief.

Enguerrand V vécut en solitaire dans son château et fut enterré dans l'abbaye de Prémontré.

Enguerrand VI, Enguerrand VII et dernier, furent deux chevaliers sans peur et sans reproche. Nous les trouvons toujours au premier rang, combattant pour la France et pour le Roy, contre les Anglais envahisseurs du sol, contre les Insurgés de la Jacquerie et contre les Infidèles. Enguerrand VII mourut le 20 février 1397, ne laissant d'autre héritière que sa fille, Marie de Coucy.

Le domaine de Coucy passa au pouvoir du duc d'Orléans, qui l'extorqua, à prix d'argent, à l'infortunée fille du dernier sire de Coucy. En 1498, le roi Louis XII le réunit à la Couronne.

Ainsi finit cette maison de Coucy qui disait, en parlant de ses soldats : *Si le ciel tombait, ils le soutiendraient sur le fer de leurs lances.*

Carle Ledhuy, en son Histoire romantique de Coucy, fait remarquer qu'à la mort de Raoul Ier, trois branches de cette famille s'étaient formées : la branche de *Coucy* proprement dite ; celle de Vervins et celle de Pinon. « Cette dernière, dit-il, s'est éteinte dès la troisième génération. Quant à la branche de Vervins, plus heureuse que les autres, elle s'est perpétuée jusqu'aujourd'hui. En 1817, le siège archiépiscopal de Reims était occupé par un Coucy-Vervins du nom de Jean Charles, comte de Coucy, né au château d'Escordal en Champagne et mort à Reims le 11 mars 1824. Il avait quinze frères et sœurs. De nos jours, le nom de Coucy s'est uni à nos gloires les plus pures : une femme qui résume en elle seule toutes les grâces et les vertus des anciennes dames de Coucy, Mme la maréchale duchesse de Reggio, se nomme Eugénie de Coucy. »

Démantelé en 1652, le château des Enguerrand fut abandonné et l'on vit, pendant près de deux siècles, les habitants de Coucy venir chercher, comme dans une carrière publique, les plus belles pierres du vieux manoir.

En 1829, Louis-Philippe d'Orléans acheta les ruines, et le vandalisme fut enfin réprimé.

Les tours de Coucy, dit M. Viollet-le-Duc, présentent deux étages de cave et trois étages de salle au dessus du sol, sans compter l'étage des combles. « Elles sont saillantes sur les courtines, de manière à les bien flanquer, elles n'ont pas moins de 18 mètres de diamètre hors œuvre, sur 35 mètres environ au-dessus du sol extérieur. Les escaliers à vis ne montent pas de fond, mais s'interrompent à partir du premier étage, pour reprendre de l'autre côté de l'entrée de la tour; c'était un moyen d'éviter les trahisons, en forçant les personnes qui voulaient monter sur les parapets de passer par l'une des salles... » Quant à leur distribution intérieure, le savant architecte la décrit ainsi : « Chaque chambre, à partir du rez-de-chaussée, se compose à l'intérieur de six pans, avec niches, dont quelques-unes sont percées en meurtrières. Ces pièces sont voûtées, et les niches se chevauchent à chaque étage, les pleins étant au-dessus des vides et *vice versa*, ce qui était fait pour voir tous les points du dehors et surtout pour éviter les lézardes verticales qui se produisent dans ces sortes de constructions, lorsque les vides sont tous au-dessus les uns des autres. Des cheminées sont pratiquées dans les salles. »

La *Grande Tour* a 55 mètres de haut sur 30 mètres de large; les murs, à la base, ont plus de 7 mètres d'épaisseur; sur le fronton, au-dessus de la porte d'entrée, bas-relief représentant le lion légendaire bravement attaqué par Enguerrand Ier.

A l'intérieur, dans la salle du rez-de-chaussée, on voit la haute cheminée des sires de Coucy et le fameux *puits de l'éternuement.*

Petits enfants, n'approchez pas !...

Un jour, appuyé sur le bord de ce puits, jouant et riant, un jeune archer entend soudain éternuer au fonds du puits... Il se penche un peu et dit : *Dieu vous bénisse !* Un instant après, nouvel éternuement : *Dieu vous bénisse !* répond encore le jeune homme et, se penchant plus fort pour mieux voir, il entend un troisième éternuement... *Que le diable t'emporte !* s'écrie-t-il impatienté. A ces mots, un bruit infernal se produit dans les profondeurs du puits... l'eau semble bouillonner et vouloir sortir de sa prison !... L'archer se penche tant qu'il peut pour en connaître la cause!!! (l'imprudent!) — Il tombe dans le gouffre mystérieux !!!... Quelque mauvais génie l'avait attiré au fond.

Petits enfants, ne jurez pas !...

Montons maintenant au sommet de la tour. L'escalier se trouve près de la porte d'entrée : il a deux cent-vingt marches et conduit aux trois étages, formant trois salles superposées avec galeries et voûtes à nervures. Le premier et le second étages ont à peu près les mêmes proportions et les mêmes dispositions que le rez-de-chaussée ; le troisième étage est à ciel ouvert et entouré d'un parapet ajouré de vingt-quatre fenêtres.

« Les trois étages étaient couverts de belles voûtes à 12 nervures qui ont été détruites. Un chemin de ronde, pris dans l'épaisseur des murs, permettait de faire le tour de la salle du deuxième étage sans y entrer. Au centre de chaque voûte était percée un large orifice circulaire par lequel on pouvait monter ou descendre rapidement d'une salle à l'autre des hommes et des munitions. La plate-forme qui couvrait l'étage supérieur, est aujourd'hui remplacée par un toit ; au niveau de cette plate-forme, à l'extérieur, des corbeaux supportaient, en cas de besoin, des hourds en bois. Un parapet fort élevé, percé de 24 créneaux en ogive et d'autant de meurtrières, est encore couronné, à l'intérieur et à l'extérieur, d'une épaisse corniche à deux rangs de feuilles entablées. » (A. Joanne, *loc. cit.* France Le Nord, p. 363.)

Il y avait là-haut, du temps des Enguerrand, un vivier alimenté par les eaux pluviales et bien fourni de poissons.

Encore vingt marches et l'on touche le sommet du donjon. Le mur a trois mètres d'épaisseur : on ne peut plus s'y promener, c'est trop dangereux. Du haut de cette tour, vue magnifique : au pied de la montagne, le clocher pyramidal (xve s.) de Coucy-la-Ville ; dans le lointain, les cheminées de Folembray et de Chauny ; la collégiale de Saint-Quentin ; la cathédrale de Noyon et les montagnes du Laonnois.

Remarquons, avant de descendre, la position critique, épouvantable de ces malheureux que la justice implacable des sires de Coucy condamnait à se jeter du haut de cette tour !

2

Une fois, trois condamnés à mort furent mis en demeure de se précipiter de là dans l'espace : les deux premiers s'exécutèrent sans trop se faire prier, mais le troisième ne pouvait s'y résoudre... Il prend deux fois son élan, et deux fois il s'arrête sur le bord du précipice !...

— Eh bien ! lui dit le sire, tu t'y prends à deux fois, et tu ne sautes pas encore ? — Noble sire, répond en tremblant le pauvre diable, essayez vous-même... je vous le donne en trois... — Tu n'es pas un sauteur, je le vois ; descends... par l'escalier.

En sortant de la grosse tour, on ne voit plus que des ruines informes, chantées par Lamartine, dans les vers suivants, inscrits par lui-même sur l'une des pierres du château :

Déjà l'herbe qui croît sur les dalles antiques
Efface autour des murs les sentiers domestiques ;
Et le lierre flottant comme un manteau de deuil
Cache à demi la porte et rampe sur le seuil.

Des vastes *salles des Preux et des Preuses* (1) de la *Chapelle*, il ne reste plus que des murs à demi-fondus.

La *Tour du Roi a conservé son oubliette.*

La *Tour de la Bibliothèque* a été transformée en *musée.*

Le touriste ne doit pas quitter les ruines sans visiter la *Tour du Musée;* il verra là réunies des collections d'armes, de sculptures et de carreaux émaillés et peints provenant de l'antique demeure des sires de Coucy. Il passera aussi chez le gardien du château et fera son choix de gravures, photographies et livres concernant Coucy ; et, sur le registre des visiteurs des ruines, il inscrira son nom et une pensée digne de celles-ci que nous avons relevée au milieu de cent autres authographes des plus fades et des plus ridicules. (2)

(1) « Un boudoir, pris aux dépens de l'épaisseur de la courtine, accom-« pagnait la salle des Preuses. Cette pièce, éclairée par une grande et « large fenêtre donnant sur la campagne du côté de Noyon, était certai-« nement le lieu le plus agréable du château ; une petite cheminée la « chauffait, et elle était voûtée avec élégance par des voûtes d'arêtes. »

(2) Certains touristes ne se contentent pas d'écrire leur nom sur le registre des visiteurs; ils le gravent encore sur les murs du château. C'est là une manie toute française. Les Anglais veulent emporter de tout ce

Il faudrait pour chanter ce poème de pierres
Un Homère gaulois, enguirlandé de lierres,
Qui saurait reconstruire, avec ces grands lambeaux
Votre épopée immense, ô titans féodaux !

Pierre DUPONT.

C'est également la crainte de rester bien au-dessous de son sujet qui arrête, dans son essor poétique, notre honorable compatriote et collègue à qui nous avions demandé, pour notre *Bulletin* une pastorale sur les Enguerrand et leur formidable donjon, le charmant auteur des *Pages intimes*.

Pour rendre la vie à la pierre,
Que recouvre à demi le lierre,
Pour ressusciter ces géants,
Qu'a moissonnés la faulx du temps,
Il faudrait la voix du prophète,
Il faudrait trouver la palette
D'un Delacroix, le trait altier
Et le coloris de Gautier.
A ces morts rendre la parole
Est une tentative folle.

A. V.

Un autre visiteur s'écrie avec admiration :

Le château de Coucy, auguste antiquité,
Sous l'empreinte des ans garde une majesté
Qui fait dans le passé vivre l'intelligence
Et semble de notre âme agrandir l'existence.

qu'il voient; les Français tiennent à laisser partout la marque de leur passage.

A Rome, il m'en souvient, pendant l'occupation des États pontificaux par nos troupes, j'ai vu cent fois des soldats occupés à mettre leur hiéroglyphes sur le marbre d'un palais ou d'une statue antique; j'ai lu sur le socle d'un Jupiter olympien : « Bastien a passé ici »; le Colisée, Saint-Pierre et les couvents qui ont servi de caserne, sont couverts de noms à consonnance française : Duval, Dupont, Durand... Cela étonne et irrite les bons Italiens, si respectueux pour tout ce qui tient à l'art. A Rome, à Naples surtout, on voit, pendant des heures entières, des hommes du peuple couchés au pied des statues de marbre et jamais on n'eut à signaler la moindre dégradation, la moindre gaminerie. Le respect de ces hommes pour ces chefs-d'œuvre est un des phénomènes qui nous surprennent le plus, nous autres Français. — On peut lire, dans le cloître des Dominicains de la Minerve, une inscription latine composée par les religieux pour flétrir à jamais la conduite de tous les Bastiens qui ont sali et sottement imagé les fresques de leur couvent.

Hugelman s'élève, avec raison, dans les vers suivants, datés du 26 avril 1861, contre les obscurs insulteurs du moyen-âge, dont les noms couvrent le registre :

> En lisant, sur ce livre où le présent se mire,
> Ces strophes contre un temps que ma jeunesse admire,
> Et près duquel le nôtre est ridicule à voir,
> Je songe aux insulteurs qui prourauivaient à Rome
> Le char triomphateur où trônait le grand homme,
> Et vers notre avenir, je marche sans espoir.

A voir, de plus, à Coucy :

1° La Porte de Laon, ancien palais de justice, flanquée de deux fortes tours et défendue par un bastion et un chemin de ronde souterrain (1).

2° L'Église, monument du seizième siècle, dont le portail est cité comme un spécimen de l'époque de transition du plein-cintre à l'ogive. On y remarque les chapiteaux du chœur, de très curieux fonds baptismaux, les orgues et une belle *replica* du *Magnificat* de Jouvenet, le tableau que le maître, devenu paralytique du côté droit, a peint de la main gauche. Le dallage paraît très vieux : aucune pierre tombale ne porte le nom de Coucy (2). L'église est en ce moment en voie de complète restauration intérieure, grâce surtout à un généreux bienfaiteur : la chaire, les balustrades, les autels en chêne sculpté, etc., sont du meilleur goût et artistement travaillés.

Dans la chapelle de l'Archiconfrérie repose « messire « François Maurice de Brodart de Vaudesson, chevalier

(1) V. la *Notice* de M. Ed. de Beaumont, libr. Baschet, Paris 1888, *sur plusieurs hommes de guerre tout armés enfouis dans le Château de Coucy*, sous une des tours voisine de la porte Maitre-Odon, depuis l'an 1411, dans une mine effondrée.

(2) Nous avons décrit plus haut (page 14) la pierre tombale de Raoul II. On voit, dans l'église de Vervins, celle de Robert de Coucy, abbé de Foigny, de Bohéries, de Saint-Michel, aumônier de François Ier, mort en 1569. Sur la banderole partant de la bouche du personnage de la pierre tombale, on lit encore ces mots : *In te domine speravi non confundar in æternum*. Sur une peinture murale récemment découverte dans l'église de Vervins et restaurée avec goût, Robert de Coucy est figuré à genoux devant un prie-Dieu ; ses armes (les armes de Coucy) y sont également peintes; une crosse d'abbé surmonte le blason. Cette peinture représente la Résurrection ; elle avait été donné par cet illustre personnage.

« de Saint-Louis, lieutenant du roi es ville et château de « Coucy, etc., décédé le 2 juillet 1772. » La pierre tombale a été placée par les soins de dame Marie d'Origny, son épouse.

3° Le BEFFROI où gémit la cloche de l'église. Nous ne savons si c'est encore la fatale *cloche du breffroi* qui avait autrefois la propriété de sonner d'elle-même, quand un habitant de la ville était sur le point de rendre le dernier soupir. Chose curieuse, celui-là seul l'entendait qui devait mourir...

4° L'HOSPICE, fondé par Enguerrand III, relevé par le duc d'Orléans, seigneur apanagiste de Coucy, vers le milieu du XVIII° siècle, restauré et agrandi en 1866. Sur la façade sont marquées les trois dates les plus importantes de son histoire : 1202, 1750 et 1866.

5° La CHAMBRE HISTORIQUE, où naquit César, duc de Vendôme, fils de Henri IV et de Gabrielle d'Estrées. Elle contient une cheminée construite au XVI° siècle et ornée de sculptures et de peintures assez curieuses ; un peu au-dessous de la cheminée on lit cette inscription : « L'an 1594, le 7° de juin, naquit en cette salle et fut baptisé en la chambre de dessus, légitimé de France, de Vendôme, prince de très-grande espérance, fils de très-chrétien, très-magnanime, très-invincible et très-clément roy de France et de Navarre, Henri IV° et de Mme Gabrielle d'Estrées, duchesse de Beaufort. »

6° Sur le versant méridional de la montagne de Coucy l'on voit le CLOS DU ROY, vigne célèbre autrefois par la bonne qualité de ses vins.

Un vieil auteur, le docteur Jean Liébaut, déclare même, dans l'un de ses ouvrages, que de « tous les vins français « il préfère le vin de Coucy, dédié au Roi, ensuite ceux de « Sèvres : tous deux rouges et clairets, puissants, généreux « ou vineux, très-commodes et convenables aux personnes « du tout affaiblis et quasi dénaturez... »

Le P. Vanière, dans son *Prœdium rusticum* est du même avis :

> Cociacis oritur liber, generosus in agris,
> Firmus Burdigalæ, Bliteræ mitissimus, asper
> Lutetiæ...

Le 7 novembre 1510, le roi François 1er donnait l'ordre au gouverneur de Coucy « de mettre en réserve la vigne du « *clos de Coucy*, sans plus le bailler à ferme, afin de « prendre chacun an les vins qui en proviendront. »

En 1590, les bourgeois de Saint-Quentin offrirent un pot de vin, comme vin d'honneur, au roi Henri IV, à son entrée dans leur ville. « Le vin venait, dit la chronique, du clos de Coucy, car ils savoient que le roi aimoit moult à le voir sur sa table. »

Le 6 novembre 1857, Napoléon III vient, en compagnie d'une partie de la cour visiter les ruines du château des Enguerrand ; le propriétaire du clos du roi lui présenta le vin traditionnel, si cher au Béarnais : l'Empereur ne put y goûter, il était déjà malade alors.

Aujourd'hui encore, bien que le soleil soit moins prodigue de ses rayons bienfaisants, ou que la terre soit plus avare de ses richesses, on remarque, sur un des versants de la montagne, quelques terrains plantés en vignes du plus bel aspect, et qui ont survécu à l'injure des temps comme pour offrir aux yeux des visiteurs étrangers un dernier souvenir de leur ancienne splendeur.

Ce qui atteste encore davantage l'antique réputation de ce vignoble, c'est l'existence de caves magnifiques, très profondes et très propres à la conservation des vins, dont la cité des Enguerrand est sillonnée en tous sens et il n'est pas un habitant de Coucy, si modeste que soit sa demeure, qui n'ait sous le tuf ou sous la roche, une place suffisante pour y loger une abondante récolte.

Bien que malheureusement, toutes nos belles vignes autrefois si florissantes, aient en partie disparu, cette situation exceptionnelle offrait naturellement d'abondantes ressources pour la conservation et l'amélioration des vins si recherchés de notre beau pays de France.

Aussi, il n'est pas surprenant que, depuis plus de trente années déjà, une importante maison de vins, transmise de père en fils, et dont le nom est bien connu dans notre contrée, mettant à profit tous les avantages naturels que lui offraient tant de belles caves, se soit fondée à Coucy sur l'emplacement même de la maison qu'habitait le Vert-Galant.

7° Terminons notre promenade par une petite excursion autour des REMPARTS FLEURIS. Nous retrouverons peut-être la fleur merveilleuse du pâtre de Verneuil-sous-Coucy. Ce berger dit la légende, faisant paître son troupeau sous les murs du château, cueillit une fleur d'une rare beauté et la mit à son chapeau. Au même instant, il se trouva transporté comme par enchantement dans la tour du roi, toute étincelante de pierres précieuses..... Le pâtre, qui n'avait jamais vu de si belles petites pierres, en emplit son chapeau et se retire joyeux... il n'était pas sitôt sorti de la tour qu'une voix mystérieuse lui dit : « tu oublies ce qu'il y a de meilleur ». Le berger ne comprend pas cette parole ; il regagne vite son troupeau. Chemin faisant, il met une à une ses belles petites pierres dans ses poches et se couvre de son chapeau. « Malheureux, reprend la voix mystérieuse, qu'as tu fait de ta fleur ?... » Il regarde sur son chapeau : « Je l'ai perdue ? » s'écrit-t-il. « Étourdi, continue « la voix, tu as perdu la clef des trésors du château, tu ne « retrouveras jamais pareil talisman. » En effet, le pâtre retourna sur ses pas, chercha et chercha longtemps : il ne retrouva pas la belle fleur.

Mais, quoiqu'en dise la légende, le malin avait emporté le meilleur. Ses belles petites pierres s'étaient changées en jolies petites pièces d'or.

Aujourd'hui, le château n'a pas plus de mystères et, pour y pénétrer, il est inutile de rechercher dans la montagne la fleur introuvable : il ouvre lui-même, devant nous ses portes et nous montre d'immenses trésors. — Ces trésors sont les pierres mêmes du château : pierres vraiment précieuses qui, depuis des siècles, sont louées, chantées par des générations de savants et de touristes : pierres uniques qui excitent plus que jamais l'envie et la convoitise non seulement d'un pâtre, mais de milliers de voyageurs de tous temps et de tous les pays ; pierres merveilleuses qui ne se changent pas en beaux louis, mais qui ont le privilège d'attirer à elles l'or et l'argent de tout le monde !

II.

DESCRIPTION DU CHATEAU DE COUCY

AU XVe SIÈCLE

Du poëte d'Astesan, secrétaire du duc d'Orléans

Un auteur ancien, du nom d'Asti ou d'Astesan, originaire d'Italie et, de son vivant, secrétaire du duc d'Orléans, vers 1440, a tracé dans un manuscrit que conserve encore aujourd'hui la bibliothèque de Grenoble, une description en vers latins de l'ancien château de Coucy.

Ce manuscrit a été publié, en 1857, par l'imprimerie impériale, dans le grand ouvrage *Paris et ses Historiens aux* XIVe *et* XVe *siècles*, recueillis et commentés par MM. Le Roux de Lincy, conservateur honoraire de la Bibliothèque de l'Arsenal et L.-M. Tisserand, secrétaire-archiviste de la Commission des travaux historiques de la ville de Paris. (Nous en suivons le texte et la traduction pour Coucy.)

La description de Paris occupe deux cent cinquante vers dans le poëme d'Astesan ; le reste, soit à peu près six cents vers, est consacré aux environs immédiats, aux diverses résidences de la famille d'Orléans, et, en particulier, au château de Coucy, qui tient une large place dans le récit. L'ouvrage se termine par la relation de divers voyages faits à Noyon, Senlis, Compiègne, Laon, Soissons, etc.

VUE DE COUCY AU XIe SIÈCLE

COUCIACUM

Vidi prætcrea, quo nullum fortius usquam
Aurelianensis ducis admirabile castrum
Couciaci, quod, ne falso me dicere credas,
Institui nostro formam tibi scribere versu.
Couciaci castrum est inter confinia gentis
Picardiæ positum, super uno monte decenti
Fundatum, quivis munitum turribus atque
Mænibus egregiis miro cum robore factis.

COUCY

J'ai vu ensuite l'admirable château de *Coucy*, le plus fort que possédât le duc d'Orléans. J'ai entrepris de le décrire en vers, afin que vous ne pensiez pas que je dis une chose fausse. Le château de *Coucy* est placé sur les frontières du peuple de la Picardie, fondé sur l'extrémité d'une montagne; défendu par des tours et des remparts remarquables par la force de leur construction.

TURRIS MAJOR

Major enim turris, qua non invictior ulla
Gallorum in regno, certe est altissima visu;
Quam super ascendi fessus numerando ducentos
Vigintique gradus adjunctis inde duobus ;
Sic alta est tensas tres et triginta per ulnas,
Nec minus in terras dicuntur tendere muri
Fundamenta sui. Quorum argumenta patere
Hinc puto: cum puteus situs ac in turre sub imum
Terræ plus quam ulnis sit quadraginta profundus,
Ex quo lucidior crystallo effunditur unda,
Qua nec frigidior nec in illis suavior oris
Ulla est; quæ miram trahitur super alta per artem.
Adde molendinum manibus, si tempus adesset
Urgens, volvendum, furnumque in turre locatum.
Circuitus vero turris, dimensus ab extra,
Qui tereti forma, qui pulchra est conditus arte,

Non secus ac reliquæ quas dicam in tempore turres,
Sexaginta viri tensas amplectitur ulnas.
Murus at illius nimirum est densus ubique
Quinque et viginti pedibus seu quatuor ulnis,
Adjuncta media ; qua re ne fallerer, ipse
Mensurare meo volui cum corpore totam.

LE DONJON.

La plus grande des tours, plus invincible qu'aucune de celles du royaume de France, est extrêmement élevée. Pour atteindre son sommet il faut compter deux-cent vingt-deux marches : ainsi elle est haute de trente-trois aulnes On dit que ses murailles ne s'enfoncent pas moins jusqu'à leur fondement ; je pense qu'on peut en avoir pour preuve le puits situé dans cette tour, profond en terre de plus de quarante aulnes, d'où il sort une eau plus claire que le cristal, et plus fraîche et plus agréable à boire qu'aucune autre ; elle est portée en haut par un moyen admirable. Ajoutez encore qu'un moulin à bras et un four ont été placés dans la tour, pour servir en cas de besoin. La circonférence de la tour, mesurée à l'extérieur, dont la forme élégante est construite avec art comme je le dirai en son lieu pour les autres tours, peut être embrassée par les bras étendus de soixante hommes. Le mur n'est pas moins admirable par son épaisseur, qui est de vingt-cinq pieds ou quatre aulnes et demie ; afin de ne pas

Et tamen interius satis est spaciosa : pedesque
Quinquaginta duos tam fundo turris in imo
Quam mediis spaciis habet ; ast in parte suprema
Latior est multo, nam sex et continet in se
Octoginta pedes ; ita plumbo tecta tenaci
Extremos inter cingentes undique muros,
Ut super, infusis illic fluvialibus undis,
Servati fuerint tanquam in vivaria pisces.
Ergo videntur ibi miracula : qualia quondam
Deucalioneo mirata est ipsa vetustas
Tempore, dum pisces sunt capti in turribus altis.

Præterea turrim circumdant undique fossæ
Præcipites, denso fultæ circumquaque muro,
Ex quibus apparet quod, quamvis hostis iniret
Castri alias partes, tamen hæc invicta maneret.
Non reticendum hic est, puto, quod super ostia turris
Sculpta est effigies illustris principis ejus
Qui primus fuerat castri fundator, et idem
Qui, cum magnanimus, cum præstantissimus armis
Esset vir, fulvum memoranda in bella leonem,
Vastantem patriam non paucis cædibus illam,
Perculerat sævo mediumque ceciderat ictu.
Unde monasterium princeps fundavit, et illi

me tromper, j'ai voulu tout mesurer par moi-même. Cependant l'intérieur de la tour assez spacieux, a cinquante deux pieds, tant au rez-de-chaussée qu'au premier et au second étage ; mais dans la partie la plus élevée, elle est beaucoup plus large, car elle contient quatre-vingt-six pieds. Un plomb scellé de toutes parts aux murs qui l'entourent, de manière à retenir les eaux pluviales qui tombent dessus, conserve comme dans un vivier des poissons. On voit donc là un prodige que l'on vit autrefois du temps de *Deucalion*, des poissons captifs sur le sommet élevé des tours. En outre, des fossés profonds entourent de tous côtés la tour, ils sont couronnés par une muraille épaisse, qui fait comprendre que quand même l'ennemi serait maître du reste du château, la tour serait encore invaincue. Je ne pense pas qu'il faille passer sous silence la sculpture qui est au-dessus de la porte de la tour, image du prince illustre qui fut le premier fondateur de ce château. Cet homme, très courageux, très habile à manier les armes, avait combattu une bête fauve ayant la forme d'un lion qui ravageait le pays par de nombreux carnages et l'avait tuée d'un coup terrible. Le prince fonda un monastère dans ce lieu et lui

Æterna a domito posuit cognomina monstro.
Cujus adhuc palmæ monumentum vidimus ensem,
Tam longum quantum potui complectitur ulnis
Extensis, cujus satis est quoque lamina lata.

Quo perhibent ejus dextra cecidisse leonem.
Hinc est victoris victique leonis imago
Cælata in dura turris super ostia petra.
Nostra ætas igitur sese vidisse leonis
Victorem gaudere potest, velut Herculis ætas
Gavisa est ab eo Nemeæa mole subacta.

ALIÆ TURRES.

Quatuor hac aliæ non multo turre minores
Hoc sunt in castro, vario munimine, turres,
In quarum existunt thalami, non parva decoris
Ornamenta sui, tres unaquaque locati,
Sub pulchra egregie facti testudine, sicut
Est turris major parsque ejus maxima castri.
Est et in illarum fundo, super humida terræ,
Humanis carcer parvo pro crimine factus;
Turrium in ima jacet vasto telluris hiatu.

donna le surnom éternel du monstre dompté; nous avons vu l'image de cette épée si longue qu'à peine nous pûmes atteindre les deux extrémités, les bras étendus et dont la lame est assez large. Là se trouve l'image du vainqueur et du lion vaincu, sculptée sur une pierre dure de la porte de la tour. Ainsi notre âge peut se glorifier d'avoir vu le vainqueur d'un lion, comme l'âge d'*Hercule* se glorifiait de la victoire remportée sur celui de *Némée.*

LES AUTRES TOURS.

Quatre autres tours, qui ne sont guère plus petites que celle-ci et dont les défenses sont différentes, se trouvent dans ce château; dans ces tours sont établis trois appartements qui en augmentent beaucoup la beauté et qui sont admirablement disposés au-dessous d'une belle voûte, comme est la grande tour, la partie principale de ce château. Il y a dans le fond de ces tours, sur la terre humide, une prison faite pour les hommes coupables de fautes légères; mais un horrible cachot, réservé aux crimes affreux, est pratiqué dans les profondeurs des tours et dans les entrailles de la terre.

CAPELLA.

Hoc castro est factum divino in honore sacellum,
Dives imaginibus petræ variisque figuris ;
Aurea cui superest non parvo facta decore
Testudo, variis varie insignita figuris.
Sed nihil hoc vidi præstantius ipse sacello,
Quamvis multa forent pulcherrima digna relatu,
Quam varia in vitreis posita ornamenta fenestris,
Ditia imaginibus, vario preciosa colore.
In quibus integras veteris spectare novique
Testamentorum vel nostra ætate licebat
Historias. Heu ! Heu ! Sed longi tempore belli
Hostiles illam non parva ex parte prophanæ
Diripuere manus ; namque illo tempore castrum,
Quod capere armorum potuisset nulla potestas,
Perfidia interior crudeli subdidit hosti.
Quanti autem fuerint dicta ornamenta valoris,
Dux Bituricensis regali e stirpe Johannes,
Qui pro prædictis, quæ longe optabat habere,
Aurea scutorum voluit dare millia bis sex,
Atque illas iterum puro redimere fenestras
Vitro, monstravit, aliis ne testibus utar.

LA CHAPELLE.

Dans ce château est construite une chapelle en l'honneur de Dieu, enrichie d'images de pierre et de statues ; elle est surmontée d'une voûte faite avec beaucoup de magnificence et diversement décorée de figures variées. Mais rien dans cette chapelle, malgré le nombre des merveilles qui la décorent, ne m'a paru si beau que les divers ornements des vitraux, riches d'images, embellis de mille couleurs, sur lesquels on pouvait encore, de nos jours, contempler les scènes de l'Ancien et du Nouveau Testament. Hélas ! Hélas ! Pendant la durée d'une longue guerre, les mains profanes des ennemis l'ont dépouillée en grande partie. A cette époque, aucune force armée n'aurait pu réduire le château ; mais la trahison intérieure l'a livré à un cruel ennemi. Quant à la valeur de cette décoration le duc Jean de Berry, de la race royale, a montré ce qu'elle était : pour ces vitraux, objets de ses plus ardents désirs, il avait voulu donner douze mille écus d'or, et avait, en outre, offert de faire garnir les fenêtres de verre blanc. Je ne veux point ici invoquer d'autres témoignages.

SALA.

Aula est præterea castri pulcherrima, numque
Quinquaginta pedes lata est, et longa ducentos ;
Quam super alta manet testudo, cuique fenestræ
Et multæ et magnæ clarissima lumina præstant.
Quatuor hæc in se forma præstante caminos
Continet, in varia murorum parte locatos ;
Quorum sunt bini fabricati ex ordine pulchro
In capite ipsius aulæ ; quibus imminet alta
Orchestra, eximiam mire confecta per artem,
Et variis signis variisque ornata figuris.
Quodque magis miror, tam docti facta magistri
Cuncta fuere manu, quod, mihi lumina testes
Essent, vix inquam potuissem credere frondes
Arboris et fructus, uvas et plurima parvi
Corporis, in petra sculpi sic posse rigenti.
Illinc cum nymphis dominique virique potentes,
Semoti a populo, possunt spectare choreas
Et ludos, si qui tota celebrantur in aula.

NOVEM PROBI

Adde novem veterum fama præstante virorum,

LA GRAND'SALLE.

La grand'salle est la plus belle du château, car elle est large de cinquante pieds et longue de deux cents. Au-dessus règne une voûte élevée ; des fenêtres nombreuses et grandes y fournissent une lumière très brillante.

Cette salle renferme, dans diverses parties des murailles, quatre cheminées d'une forme remarquable ; deux de ces cheminées sont d'un bel effet, placées au haut bout de la salle. Au-dessus s'élève une haute tribune admirablement construite, d'une riche architecture et ornée de statues et figures variées. Ce que j'admire le plus, c'est que toutes les parties en sont faites de la main d'un artiste si habile que, si mes yeux n'en avaient été témoins, je n'aurais jamais pu croire que les feuilles des arbres, les fruits, les raisins et beaucoup d'objets si délicats pouvaient être ainsi sculptés dans la pierre dure. C'est du haut de cette tribune que les seigneurs et les personnages puissants, en compagnie des dames, peuvent assister, séparés de la foule, aux danses et aux jeux qui ont lieu dans la salle.

LES NEUF PREUX.

Ajoutez à cela les figures des neuf guerriers anciens, d'une gloire éclatante, qui ont, chez les Français, le renom d'une

Nomen apud Gallos claræ probitatis habentum,
Illic compositas ex petra albente figuras.
Ex quibus existunt Judea ab origine nati
Tres domini : Josue, Judas Machabæus, et ipse
David ; tres autem gentilis sanguinis : Hector
Trojanus, Cæsar Romanus Julius, atque
Magnus Alexander ; tres vero Regis Olimpi,
Qui fuit ob nostram passus tormenta salutem,
Excoluere fidem, certe meliora secuti :
Arturus rex, et rex Magnus Carolus, atque
Is qui, pro Christo, postremus subdidit urbem
Jerusalem, æterno Gothofredus nomine dignus.

LODOYCUS, DUX AURELIANENSIS.

Addidit his genitor nostri hujus principis, heros
Summæ virtutis, Lodoycus, munera longe
Promeritus famæ, qui non mediocriter auxit
Hoc castrum,

BERTRANDUS DE CLASCHIN.

Decimam Gallorum ex gente figuram,
Militis insignis Claschina, prole Britanna,

illustre prud'homie, figures sculptées en pierre blanche dans cette même salle. Parmi eux sont trois *Preux*, nés de la race juive : Josué, Judas Machabée et David ; trois du sang païen : Hector de Troie, Jules César le Romain, et le grand Alexandre ; trois, au contraire, ont suivi une meilleure voie en embrassant la foi au Roi du ciel, qui a souffert le dernier pour nôtre salut, savoir : le roi Arthur, le roi Charlemagne, et celui qui, le dernier de tous, a triomphé pour le Christ, de la ville de Jérusalem, Godefroy, digne d'une gloire éternelle.

LOUIS, DUC D'ORLÉANS.

Aux statues des neuf Preux, le père de notre prince, Louis, ce héros de si grande vertu, digne d'une éternelle renommée, Louis, qui a tant augmenté ce château, en a ajouté une dixième, qui appartient à la nation française.

BERTRAND DU GUESCLIN.

C'est la statue de l'illustre chevalier Bertrand, né de la

Nati, Bertrandi, quo nullus major in armis
Tempestate sua fuit, aut præstantior omni
Virtute, et toto fama præclarior orbe.

NOVEM PROBÆ.

Est et in hoc castro thalamus pulcherrimus, in quo
Mira novem veterum mulierum præstat imago,
Quas solet appellare *Probas* gens Gallica vulgo.
Hic est æterno memoranda Semiramis ævo,
Assiriorum habitu quondam regina virili,
Quæ prima excelsam muro circumdedit urbem

Coctili, ubi magnus Macedo mala pocula sumpsit,
Primaque femineo tulit arma virilia dorso.
Hic est illa ferox Thomyris, regina Scytharum,
Quæ, privata suo per Cyrum acerrima nato,
Regem intra montes astu produxit, et ense
Stricto biscentum comitatum milibus illum
Femina truncavit, penitusque superstite nullo.
Hic est Deyphile, quæ cum virtute virili
Præstaret, validis Thebanam dicitur urbem
Exsuperasse armis violentoque igne cremasse.

maison bretonne Du Guesclin, le plus grand par les armes qui fut de son temps, le plus fameux par toutes les vertus guerrières, et le plus illustre par sa renommée dans le monde entier.

LES NEUF PREUSES.

Il y a encore dans ce château une salle magnifique, dans laquelle se trouvent d'admirables images, les statues de neuf femmes de l'antiquité, que la nation française nomme ordinairement les neuf *Preuses*. Là est Sémiramis, jadis reine d'Assyrie, cette femme à la démarche virile, et dont la mémoire vivra dans tous les âges, qui, la première, entoura de murailles de briques la ville élevée où le grand Macédonien absorba une coupe empoisonnée, et qui, la première, porta sur ses épaules féminines des armes viriles. Là est la farouche Thomyris, reine des Scythes, qui, privée de son fils par Cyrus, égara le roi, par une ruse, au milieu des montagnes, et dans sa fureur, le glaive à la main, le tua, toute femme qu'elle était, ainsi que deux cent mille de ses compagnons, presque sans en laisser échapper un seul. Là est Déyphile, célèbre par sa vertu guerrière, qui dompta, dit-on, par la puissance de ses armes, la ville de Thèbes, et la livra à la violence des flammes. Il y a aussi les reines des Amazones, Lampédo, Ménalippe, Marpésie et Orythye, connues par leur illustre nom dans un temps de renommée éclatante ; et celle qui a prêté son secours aux armes des Troyens, la fière Penthésilée, chantée par les savants poëtes, et enfin Hippolyte qui, après avoir, dans un

Sunt et Amazonidum reginæ, nomine claro
Notæ, Lampedo, Menalippe, Marpesia atque
Orithia, suo præclari nominis ævo ;
Quæque suum auxilium Trojanis præstitit armis,
Penthesilea ferox, doctis celebrata poetis ;
Necnon Hippolyte, quæ, quanquam Thesea pugnans
Straverat, Alcidem comitantem in prælia magnum,
Dein tamen Hippolytum castum concepit ab illo
Hæ tanta ex petra fictæ sunt arte figuræ,
Quantam unquam credam quemquam novisse magistrum.
Non secus antiquos, Eufranora, vel Policletum,
Aut Phidiam, artifices veterum simulacra deorum
Magnorumque virum credo finxisse figuras,
Ex quo perpetuum meruerunt nomen habere.
Hunc gemini mira fabricati ex arte camini,
Suppositi dictis laudendo more figuris,
Exornant thalamum ; nec non in robore muri
Abditus egregius locus, in quo, nemine quicquam
Advertente, potest princeps cumulare suorum
Concilium procerum, vel scribere dum placet illi,
Aut facere occultus quicquid velit atque remotus.
Sunt alii multi thalami multoque decore
Et vario ornati, quos est mora longa referre.

combat, vaincu Thésée, le compagnon du grand Hercule, eut cependant de lui le chaste Hippolyte. Toutes ces statues de pierre sont faites avec tant d'art, que je croirais qu'aucun maître n'en a jamais autant déployé. C'est ainsi que les sculpteurs antiques, Eufranor, Polyclète, ou Phidias ont dû, j'imagine, façonner les statues des anciens dieux et les figures des grands hommes, œuvres qui leur ont mérité un renom immortel. (1)

(1) La grand'salle était postérieure à la construction du donjon : elle faisait partie des bâtiments ajoutés par Louis d'Orléans pour rendre l'habitation du château plus commode. Elle occupait un vaste espace compris entre deux tours d'angle, et régnait au-dessus de vastes magasins qui formaient le rez-de-chaussée du bâtiment. On l'appelait la Grand'Salle ou le Tribunal des Preux, parce que les statues de ces neuf guerriers y figuraient dans des niches. Elle était éclairée à son extrémité méridionale

Deux cheminées, construites avec un art admirable, supportent élégamment ces figures et décorent cette salle. Il y a aussi, dans l'épaisseur du mur, un cabinet secret et bien construit, dans lequel, sans que personne en sache rien, le prince peut réunir le conseil de ses grands, ou écrire quand il lui plaît, et faire tout ce qu'il veut en secret et à l'écart.

Il y a beaucoup d'autres chambres ornées d'objets nombreux et variés, et qu'il serait trop long de rapporter ici. Je passe sous silence une cuisine magnifique et digne de Néron, ainsi que des écuries dans l'intérieur du château, pour recevoir un grand nombre de chevaux. Je ne dis rien de ces escaliers admirablement placés dans l'épaisseur du mur, ne causant

par une grande verrière ouverte dans le pignon, et chauffée, nous dit Astesan, par quatre cheminées. M. Viollet-le-Duc n'en compte que deux, c'étaient les plus importantes. Elle avait pour voûte une charpente en bois, avec berceau ogival en bardeau.

Les neuf Preux et les neuf Preuses étaient en grand honneur au Moyen-Age ; la décoration du château de Coucy en fournit la preuve. On les faisait, en outre, figurer dans les fêtes et réjouissances. Lors de l'entrée solennelle de Henri IV à Paris, « devant lui avoit les neuf Preux et les « neuf Preuës dames. » (*Journal d'un Bourgeois de Paris*, éd. de 1729, p. 144.) On trouve leurs armoiries et leurs louanges, ou épigraphes en vers, dans divers manuscrits de la Bibliothèque impériale, et, de plus, dans l'*Armorial du héraut Berry* (Paris, in-8°, p. VII, note). Les Preux et les Preuses, dit M. Vallet de Viriville, ont fourni des éléments iconographiques pour les cartes à jouer.

On s'étonne de ne pas voir figurer ici la dixième Preuse, comme Du Guesclin vient à la suite des neuf anciens Preux. Jeanne d'Arc, qui méritait cet honneur au même titre que le héros breton, ne l'avait sans doute point encore obtenu, car la grande cheminée de la salle de Coucy, telle que Du Cerceau l'a représentée, ne porte que les neuf Preuses de l'antiquité. A l'époque ou Astesan écrivait (1451), la mémoire de la Pucelle n'était point encore relevée de l'opprobre : la révision de son procès par ordre de Charles VII, et la réhabilitation par le pape Calixte III, ne datent que de 1456. C'est pour ce motif qu'il n'est point question de l'héroïne dans les détails que donne notre poëte sur les guerres contre les Anglais. M. Vallet de Viriville, en son intéressante *Histoire de Charles VII* (t. II, p. 82), raconte une particularité des plus curieuses au sujet de la dixième Preuse et du dixième Preux. « Jeanne d'Arc, au début de sa carrière, « entendit parler de Jeanne de Laval, qui survivait à son époux le grand « connétable Du Guesclin. La pucelle était en rapports avec le jeune « André de Laval, petit-fils de l'illustre veuve, qui fut depuis le maréchal « de Lohéac. Elle détacha de sa main un petit anneau d'or qu'elle « portait, et le remit à André, en le chargeant de le transmettre de sa « part à Madame de Laval. C'était l'hommage de la dixième Preuse à la « veuve du dixième Preux. »

Transeo præstantem dignamque Nerone coquinam,
Et stabula in castro pro multis apta caballis.
Transeo permultas scalas in robore muri
Admirabiliter factas, et nulla ferentes
Impedimenta locis, tamen illis sufficientes.
Transeo et ingressus castri cum robore tanto
Factos, ut nullo valeam describere versu.
Quid, quod sub terris varia ornamenta locique
Munimenta jacent? Nam quadraginta profundus
Is locus est gradibus, conduntur ubi optima vina,
Forti et miranda totus testudine tectus;
Cujus parte latens est subterranea castri
Tutela, hostili cu[illegible]s obsistere fraudi.
Est etiam puteus sub cœlo factus aperto
Parte alia castri, quem subterraneus infra
Est thalamus, miro fabricatus more latenter
In quo Couciaci dominus consueverat aurum
Abdere vel gemmas, preciosaque talia rerum.
Prætereo quanto sit prædita robore porta
Ipsius villæ, qua vix est fortior ulla.
Possem præterea varia ornamenta referre
Nec non illius castri munimina, nec non

aucune gêne aux chambres, et suffisant pourtant à les desservir. J'omets enfin les entrées du château, si solides et si bien disposées que mes vers ne pourraient les décrire. Dirai-je que jusque dans les profondeurs de la terre se trouvent des ornements variés et des fortifications? L'endroit où l'on conserve les vins les meilleurs est profond de quarante marches ; il est formé tout entier d'une solide et merveilleuse voûte ; et c'est dans cette partie que se trouve la défense cachée et souterraine du château, qui a pour but de résister aux surprises de l'ennemi. Il y a aussi, dans une autre partie du château, un puits à ciel ouvert, au fond duquel est une chambre souterraine, construite secrètement, d'une manière merveilleuse, et dans laquelle le seigneur de Coucy avait coutume de cacher son or et ses pierrreries ainsi que tous ses objets précieux. Je passe sous silence la solidité de

Quam sit frumento, quam vino fertilis, atque
Fructibus et reliquo telluris munere; sed, cum
Multa meis restent alia exprimenda camenis,
Hæc satis esse velim de tanto carmina castro.

la porte de la ville, la plus forte qui existe. Je pourrais encore décrire des ornements divers et d'autres défenses du château, dire combien les environs sont fertiles en blés, en vins, en fruits et autres biens de la terre ; mais, comme il reste encore à ma muse beaucoup d'autres choses à retracer, je voudrais que cette description d'un si grand château pût vous suffire.

HISTOIRE
DES
ANCIENS SEIGNEURS
DE COUCY

Reproduction intégrale de la *notice* du sieur Jovet

(XVIIe SIÈCLE)

La maison de Boves, doù celle de Coucy tire son origine, étoit autrefois une des plus grandes Baronies du Royaume, et si puissante qu'il y en avoit peu de son tems qui la put égaler; elle a tiré son nom d'un ancien Château proche la ville d'Amiens, et sa principale splendeur d'un Seigneur apellé Dreux ou Drogon, qui fleurissoit durant les Regnes de Robert, Henry I. et Philippes I.

De Boves.

De Gueulle à une Bande d'or, accôtée de deux Cotices de mémes.

Ce Seigneur laissa aprés sa mort sa femme, dont on ne sçait pas le nom, mere de trois fils; sçavoir Enguerran I. du nom, qui fut Seigneur de Boves, de Coucy, et de la Fere, et Comte d'Amiens, de Robert de Boves, et d'Anceau de Boves.

C'est donc de cette ancienne Maison de Boves que celle de Coucy tire son origine, et ainsi nous commençons cette petite Histoire par Enguerran I.

ENGVERRAN I. SEIGNEVR

de Coucy, de Boves, de la Fére, Comte d'Amiens.

Outre les grandes Terres que ce Seigneur possedoit, avec le titre de tres-noble Prince, que lui donne Guibert Abbé de Nogent, qui vivoit de son tems; il fit des alliances avec les plus grands Princes de l'Empire, et suivant le témoignage de cét Abbé, il s'empara du Domaine et du Château de Coucy.

Voicy comment. Clovis premier Roi Chrétien, ayant été baptisé par saint Remy Archevéque de Reims, il lui donna entre autres lieux, celui de Coucy, avec le territoire circonvoisin nommé Mege, dans le païs Laonnois, dont cét Archevéque joüit tant qu'il vécut, et par son Testament le donna à son Eglise de Reims. Herivée Archevéque depuis lui, qui vivoit du tems de Charles le simple, y fit bâtir une Forteresse considerable, au rapoit de Flodoard Auteur de ce tems, qui l'a toûjours ensuitte appellé Château de Coucy; car en l'année 927, il écrit que les enfans de Roger Comte de Laon, ravagerent tous les lieux circonvoisins de Coucy, Château de l'Archevéché de Reims.

Ce Domaine passa ensuite dans la Famille de Hebert Comte de Vermandois, par la donation que le Roi Raoul fit de cét Archevéché à Hugues fils de ce Comte, à qui il appartenoit encore en 930. Il passa aprés la mort d'Hebert, entre les mains de Hugues le grand Comte de Paris, son beau frere, et de Thibaut Comte de Tours, et de Chartres, son Gendre.

Le méme Flodoard parle de ce Château, comme d'une des principales Forteresses de France, dépendant de l'Abbaye S. Remy de Reims, laquelle y étoit annexée, si bien qu'en ayant été desunie sur le déclin de la deuxiéme race de nos Rois, Coucy fut aussi laissée entre les dépendances de cette Abbaye, et quoy que cette Place passa depuis en d'autres mains, cette Abbaye se reserva toûjours soixante sols de cens par chacun an, ce qui a continué jusqu'à Alberic ou Aubry Seigneur de Coucy, personne de marque, qui vivoit sous le regne de Philippe I. quatriéme Roi de la troisiéme race.

Enguerran de Boves usurpa cette Seigneurie sur Alberic, les anciens Auteurs ne s'expliquent pas sur les raisons qu'il en avoit, ni sur les moyens desquels il se servit, mais il en demeura paisible possesseur, et aprés lui sa postérité qui en prit le nom. Il ajoûta a toutes ces Seigneuries, celle de Marle par le mariage qu'il contracta avec Ade de Marle, fille de Letard de Roucy, d'où est sorti Thomas de Marle.

Cét Enguerran ayant un peu d'inclination pour le sexe, dégoûté d'ailleurs par la méchante conduite d'Ade sa femme, se laissa tellement gagner par les caresses de Sybille de Porcean, femme de Godefroy Comte de Namur son cousin, qu'il l'épousa solennellement, aprés la mort d'Ade, son mari encore vivant, au sujet de quoi il attira sur lui les Anathemes de l'Eglise, qui furent depuis levés par Enguerran Evéque de Laon son parent, laquelle conjonction produisit entre les deux maris une si grande division, que les effets en furent sanglans par des guerres cruelles qui causerent de grands desordres dans le Comté de Porcean, ce qui arriva auparavant l'an 1100, auquel tems Godefroy s'étoit déja remarié avec Ermenson de Luxembourg.

Mais quoi qu'Enguerran se laissa emporter de la sorte à sa passion, il fit pourtant paroître sa pieté et sa liberalité envers plusieurs Eglises prés d'Amiens, qu'il dota de grands biens, et celles de S. Nicolas aux bois, de Nogent sous Coucy, et de S. Vincent de Laon.

Il fonda aussi le Prieuré de Plainchastel, et en fit donation à l'Abbaye de Nogent en 1095, qu'il confirma en 1107.

Il paroit par les chartres et les memoires du Thresor de Coucy, et par quelques Auteurs, que pendant le regne de Philippe I. les Turcs faisans de grands outrages aux Chrétiens, semblans vouloir perdre toute la Chrétienneté, cét Enguerran accompagné de Robert et d'Anselme de Boves, ces deux freres, animez tous trois d'un saint zele et d'un courage magnanime, entreprit d'aller combatre cét ennemy commun, emmenant avec lui Thomas de Marle son fils, et plusieurs grands Personnages de ses parens et alliez;

entr'autres Bodoüin Comte de Hainaut, ét Bodoüin de Retel, dit de Bourg, depuis Roi de Jerusalem ; les Seigneurs de Barlemont, de Longueval, de Châtillon sur Marne, de Chin, et de Torsy; leur voyage fût si heureux, et Dieu favorisa tellement leur entreprise, qu'il défirent l'armée du Soldan d'Egypte. l'Histoire porte que cét Enguerran étoit Chef des troupes Françoises, et cette autre particularité, que comme l'armée des Infideles vouloit surprendre celle des Chrêtiens, s'en étant approché d'assez prés, cét Enguerran, et ses freres ayans voulut prendre leurs Cottes d'armes, qu'ils n'avoient pû avoir, parce qu'elles étoient engagées dans leur bagage, qui étoit éloigné d'eux; ils couperent leurs Manteaux qui étoient d'écarlate, fourré de pannes de vair, et en distribuerent des pieces aux autres Seigneurs, qui les percerent, firent passer la teste dedans, et en firent des Bannieres; et pour une éternelle memoire de cela, il résolurent de ne plus porter d'autres armes que celles du métail et des couleurs qui se rencontrerent en ces pieces de drap rouge et de vair, selon la devise qui en fut faite par le Heraut d'armes du Roi de Hongrie, Blazon que tous ceux de cette Maison ont toûjours conservé, comme des marques glorieuses de la vertu de leurs Ancestres. Voicy ces Armes.

DE COUCY.

Fassé de vair et de gueulle de six pièces.

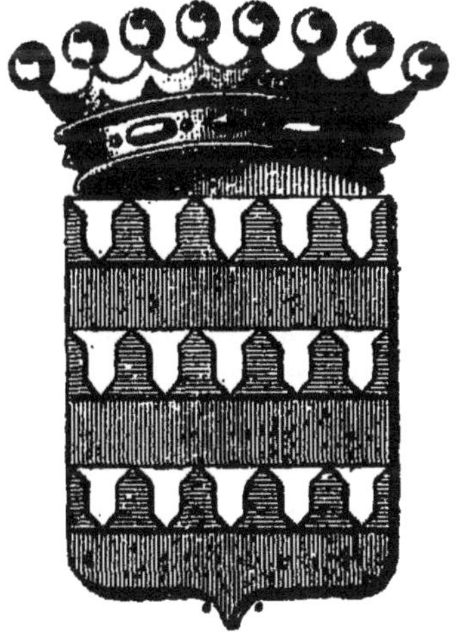

Cét Enguerran a possedé de tres-belles qualitez, et a fait des actions fort illustres dans sa vie.

On ne sçait portant pas précisement en quel tems il mourût, ni l'endroit où il fût inhumé, non plus que la Comtesse Sybille, qu'Erman Auteur de ce tems qualifie sa derniere femme, qui l'a survécu de quelques années; Ce méme Auteur écrit d'elle, qu'aprés la restauration de l'Eglise de Laon, qui avoit été brûlée en 1112, elle serra plusieurs Vaissaux precieux dans cette Eglise, les y croyant en seureté plus qu'en aucun endroit, cette Place étant une des Forteresses de France, des plus considerables.

Il laissa trois enfans; sçavoir, Thomas de Marle, qu'il eût d'Ade de Marle, sa premiere femme; et un autre dont on ne dit pas le nom, et ce qu'il est devenu; et une fille qu'il eût de la fille du Roi d'Ecosse qu'il avoit épousé en seconde nopces, laquelle fille Enguerran maria à un Gentilhomme nommé Guy, qu'il établi gardien et défenseur de sa Seigneurie de Coucy, contre Thomas son propre fils qu'il n'aimoit pas, le voulant desheriter, comme écrit Guibert de Nogent, ce qui fait connoître que ce Guy, fût lors institué Châtelain de Coucy, y ayant fait depuis sa résidence. De ce Guy est venu Roger Châtelain de Coucy. Et de Noyon, Seigneur de Torote, qui épousa Hadevuide niece de Mathieu I. du nom. Seigneur de Montmorancy, Connêtable de France; duquel mariage sont issus Guy II. du nom Châtelain de Coucy, Jean de Coucy, Châtelain de Noyon, et de Torote qui épousa Alix de Dreux, Pincesse du Sang royal, et Yves de Coucy surnommé de Torote.

THOMAS, SEIGNEVR DE Coucy, de Marle, de la Fére et de Boves, Comte d'Amiens.

Ce Thomas le seul fils d'Enguerran I. et d'Ade de Marle, ayant pris au commencement le nom de Marle comme heritier de sa mere, se rendit depuis fort fameux sous ce Titre, qui lui demeura tout le reste de sa vie; il prit neanmoins à la suite le nom de Thomas de la Fere, et aprés la mort de son pere, celuy d'Amiens et de Coucy, retenu par les aînez de sa Maison.

Il épousa en premiere noces Yde de Hainaut, fille aînée du Comte Bodoüin de Hainaut I. du nom, et d'Yde de Louvain sa femme.

HAYNAUT.

Chevronné d'or et de sable de six pieces.

Albert, Chanoine d'Aix la Chapelle, en son Histoire de Jerusalem, parle de lui comme d'un des plus illustres Seigneurs, d'entres ceux qui firent le voiage de la Terre sainte, ayant toûjours paru dans les entreprises les plus considerables. Néanmoins Guibert Abbé de Nogent, et Suger Abbé de S. Denys, qui dépeignent ce Thomas de Marle comme un des plus cruel de son tems, disent qu'aprés son retour de la Terre sainte, il se remaria incestueusement avec une de ses parentes, dont ils ne disent pas le nom, au sujet duquel mariage il devint Seigneur, entre autres lieux, du Château de Montaigut prés de Laon, dont la Forteresse extremement considérable, augmenta tellement sa puissance, qu'il se rendit tout à fait redoutable à tous ceux du Païs, Enguerran son pere en eût de grands mécontentemens, ce qui, joint à la hayne qu'il lui portoit déja, lui fit entreprendre de le chasser de cette Place; effectivement il y mit le siege, son armée étant assez forte, mais Thomas de Marle ne voulant rien risquer, sortit avec adresse la nuit de son Château, auparavant que la tranchée fût ouverte, et alla demander secours à Loüis de France, depuis Roi sous le nom de Loüis le Gros, qu'il lui accorda, y étant méme venu en personne avec sept cens Chevaux, ce qui obligea les assiégeans de se retirer, au moyen dequoy Thomas rafraîchit la Place de vivres et de gens de guerre.

Il ne conserva pourtant point lomg-tems ce Château, car un divorce étant survenu entre lui et sa femme à cause de la consanguinité qui étoit entr'eux, elle reprit son bien, et Thomas fût obligé de s'en désaisir; ensuite dequoy, il se remaria en troisiéme noces avec une autre Dame appelée Milesende, qui étoit fille d'un Seigneur, que Barthelemy Evéque de Laon, nomme Guy de Crecy, elle luy apporta en mariage la Terre et Seigneurie de Crecy en Laonnois, qui a été possedée depuis par les Seigneurs de Coucy. Sitôt qu'il fut en possession de ce lieu, il en fit une forteresse, et à l'abry qu'il fut de celle-cy et de celle de Marle, il exerça plusieurs violences dans tout le Païs & les lieux circonvoisins, n'épargnant ni les gens d'Eglise, ni les Pelerins, ni les Marchands, ni les Habitans du Païs, ce qui le rendit extremément redoutable.

En l'année 1112, Les Habitans de Laon ayans tué *Gualderic* leur Evêque, ils appellerent Thomas de Marle, qu'ils introduisirent dans leur Ville, pour les défendre contre les armes du Roi Loüis le Gros, dont ils avoient sujet d'apprehender la juste indignation; mais comme il reconnût leur foiblesse, il persuada aux coupables d'en sortir, et de se retirer avec lui dans ses Châteaux ; ce qui donna lieu au Païsans circonvoisins, voyant la Ville ainsi abandonnée, d'y entrer, et d'en piller toutes les maisons.

Le pays d'Amiens ne ressentit pas de moindres atteintes de sa part, il y fit mille desordres, ce qui obligea Loüis le Gros de s'y transporter, et aprés l'en avoir chassé, il le poursuivit jusqu'à Marle, où il mit le Siege, mais comme cette Place étoit forte et bien munie, elle resista deux ans entiers, pendant quoi, Thomas de Marle ne laissoit pas d'exercer ses violences ordinaires, comme il paroit par ce qui suit.

Ayant été averti un jour que Gautier, Archidiacre de l'Eglise de Laon, Auteur de la rebellion des Bourgeois d'Amiens, frere uterin de la Comtesse Sybille sa belle mere, et qui avoit procuré son alliance adulterine avec Enguerran son pere, étoit en campagne, il le fit tomber mal-heureusement dans des embuches qu'il lui avoit fait dresser, lequel assassinat joint aux autres excés qu'il avoit commis, fit que les Prelats de France, en un Consile assemblé alors à Beauvais, obligerent le Legat du S. Siege, qui y presidoit, de lancer le foudre de l'excommunication contre lui.

Suger raporte qu'il y fût dégradé de l'Ordre de Chevalerie, *excommunié et déposé de tous ses honneurs*. Le Roi d'un autre côté leva de nouvelles Troupes contre lui, et força enfin ses Châteaux de Crecy et de Nogent, qu'il détruisit ensuite, et punit de divers supplices ceux qui se trouverent dedans complices de la mort de Gualderic. La Tour d'Amiens fût aussi contrainte de se rendre à Sa Majesté, qui la fit démolir, et priva Thomas de Marle, et les siens, de la domination qu'il avoit dans la Ville, ce qui l'ébranla si fort, quoi qu'il se crût tout à fait en seureté dans son Château de Marle, qu'aprés avoir offert de grandes sommes d'argent au Roi, et de reparer tous les torts qu'il avoit fait aux Ecclesiastiques, il rentra en grace avec son Prince, et dans la Communion de l'Eglise.

Peu de tems aprés voulant effacer en quelque maniere les tâches de ses actions passées, il commença à exercer des œuvres de pieté et de devotion envers les Pauvres et les Eglises, il dotta entr'autres l'Abbaye de Premontré de plusieurs biens considerables, et assista à la consécration de l'Eglise qu'en fit l'Evéque Barthélemy.

Mais ayant repris six ou sept ans aprés le train de ses premieres violences, il en reçut enfin la punition; car le Roi ému par de nouvelles plaintes qu'on faisoit contre lui et par le conseil de quelques Prelats, alla le bloquer dans son Château de Coucy, d'où étant un jour sorti pour attirer les Assiegeans dans ses pieges, Raoul Comte de Vermandois le blessa d'un coup mortel, le prit, et le presenta au Roi, qui commanda de le mener à Laon, où le Roi alla dés le lendemain pour lui faire son procés, il en fût pourtant quitte pour quelque satisfaction, mais peu de tems aprés, il finit sa vie d'une façon tout à fait étrange.

Il avoit usurpé sur l'Abbaye de S. Vincent de Laon, plusieurs Domaines qui avoient été donnés à cette Abbaye par Enguerran son pere, et les avoit injustement retenus jusques alors; Milesende sa veuve et Enguerran son fils aîné les restituerent tous aprés sa mort, à l'Abbé Anselme, en presence de Barthelemy Evéque de Laon, qui en expedia les Lettres en 1131. Il laissa cinq enfans; sçavoir Yde de Coucy, nommée Basilie; et Beatrix de Coucy, qu'il eût d'Yde de Hainaut, sa premiere femme; Et Enguerran II. du nom, Robert I. et une fille dont ont ne sçait pas le nom, de Melisende de Crecy sa derniere femme.

Yde de Coucy épousa en premieres noces Allard de Cimay, surnommé Polliere, qui étoit un des Pairs du Comté de Haynaut ; Et en secondes noces Bernard d'Orbais. Beatrix de Coucy épousa Evrard Seigneur de Breteuil en Beauvoisis, qui mourut avec Enguerran II. son beau-pere en la Terre Sainte.

Enguerran II. du nom, continua la branche des Seigneurs de Coucy, dont il sera parlé cy-aprés.

Robert I. du nom, Seigneur de Boves et Comte d'Amiens, qui accompagna Louis le Jeune en son voyage d'outremer, épousa Beatrix fille du Comte de S. Paul surnommé Candavene, lequel eut guerre contre Philippe Comte de Flandres, à cause du Comté d'Amiens, que Raoul Comte de Vermandois luy avoit ôté. Robert son fils heritier de ses vertus et de ses biens, fut fort consideré de Philippe Auguste, il fut tué au siege d'Acre en 1191, laissant trois fils qui furent à la conquête de Constantinople, et qui se trouverent aussi à la journée de Bouvines. La cinquième fut N.... de Coucy qui épousa Adelelme fils d'Adam, et depuis Hugues, Seigneur de Gournay du Païs de Caux.

ENGVERRAN II. SEIGNEVR
de Coucy, de Marle, de la Fére, de Crecy.

Enguerran II. Sire de Coucy, fils aîné de Thomas de Marle, s'étant mis en possession, par la mort de son pere, des Seigneuries de Coucy, de Marle, de la Fére, et de quelques autres, le Roi Loüis le Gros, et Raoul Comte de Vermandois, qui avoit poursuivi la mort de son pere, ne le laisserent pas sitôt en repos ; car en 1132. son Château de la Fere fût siegé par le Roi, dépuis le 7. May jusq'au 9. Juillet de la même annee ; Neanmoins ceux qui le défendoient resisterent vigoureusement, mais enfin la paix se fit par l'Alliance d'une Niece du Comte Raoul, fille de sa sœur germaine, et proche parente du Roi, laquelle épousa nôtre Enguerran, si bien qu'il fût allié à la Maison Royale, par ce mariage qu'il contracta avec Agnes de Baugency, fille de

4

Raoul de Baugency et de Mahaut de Vermandois, cousine germaine de Loüis le Gros.

BAUGENCY.

Eschiqueté d'or et d'azure à une fasse de gueulle.

Cét Enguerran qui étoit un des illustres et des plus hardis de son tems, a fait des actions fort memorables; c'est lui qui par son courage et son adresse, a surmonté la force d'un Lyon dont l'Histoire est si fameuse dans le Païs, comme il paroit par ce qui suit.

Ayant été averti qu'il y avoit dans sa Forest de Coucy, et dans les lieux circonvoisins, des Bêtes sauvages qui y faisoient de grands desordres, et qu'il y en paroissoit une épouventable entr'autres ayant la figure d'un Lyon, qui allarmoit tous les Villages d'allentour, le désir de la combatre, lui fit chercher le lieu où elle se retiroit ordinairement, et l'ayant rencontré; il s'attacha tellement à elle, qu'aprés l'avoir assez long-tems combatuë seul, il la tua, en memoire de laquelle victoire, la figure de cette Bête qui avoit la ressemblance d'un Lyon, fut taillée en pierre avec sa grandeur et sa grosseur, telle qu'elle se voit encore aujourd'huy dans la place de Coucy, pour servir à la postérité de marque et de Trophée de cette insigne Victoire.

Le vulgaire veut que la celebre Abbaye de Prémontré ait été bâtie au lieu méme où cette bête fut tuée; mais comme tous les Auteurs de ce tems n'en font aucune mention, et qu'il ne se trouve aucune chose dans la fondation de cette Abbaye qui ait raport à cela, je n'ay pas crû le devoir avancer comme une chose digne de foy; ce qui paroit de vraysemblable en cette Histoire, est le combat de cette Bête par ce Seigneur de Coucy, dont la figure fût alors taillée en relief, et incorporée à la grosse Tour de Coucy, au-dessus de la porte, telle qu'elle paroit ci-avant.

Des Fêtes de réjoüissances furent alors instituées en l'honneur de cét Enguerran, et une Ceremonie qui s'observe encore présentement par l'Abbé de Nogent, qui est de la fondation de cette Maison, lequel est obligé de présenter trois fois l'an des Rissoles au Seigneur de Coucy, ou à ses Officiers dans la Place où est à present ce Lyon, et ce en presence de ces mêmes Officiers qui en font Acte et Registre, cette Ceremonie a toûjours continué jusques à present, en memoire et en consideration du bien et du repos que les Habitans du Païs ont eû en la mort de cette cruelle Bête; voicy comment elle se pratique, l'Abbé de Nogent, ou son fermier en sa place, vêtu d'un habit de Laboureur et de Semeur, le foüet à la main, doit paroître dans la Place de Coucy, monté sur un Cheval propre à aller à la charuë, auquel il ne doit rien manquer, pas seulement un cloud; et faisant plusieurs tours en claquant son foüet, est arrêté et visité de toute part, et s'il ne manque rien à son équipage, il est reçeu à faire les foys, hommages, et les presens, dont il vient d'être parlé, ce qui se fait à Noël, à Pâques, et à la Pentecoste; ces choses étoient autrefois representées dans le Château de Coucy, sur des Tapisseries qui y ont toûjours été curieusement conservées, jusqu'au tems d'Enguerran VII. qui épousa Marie de Loraine, fille d'Henri Duc de Loraine, aprés le deceds duquel Enguerran, ces Tapisseries ont été portées en Loraine, où elle sont encore presentement. Ce Seigneur de Coucy se croisa pour la Terre-Sainte, avec Robert I. Seigneur de Boves son frere et Evrard de Breteüil son beau frere, lesquels accompagnerent en ce voyage Loüis le Jeune.

Avant partir, il fit des donations assez considerables à plusieurs Eglises, principalement à l'Abbaye de Premontré, à celles de S. Vincent de Laon et de Clerefontaine, et à l'Eglise Cathedrale de Laon; il mourut en ce voyage avec Evrad de Breteüil, son corps fût transporté en France, en l'Abbé de Premontré où il fût inhumé, on y voit son Effigie qui represente un homme armé, relevé en bosse de marbre blanc, ayant à ses pieds un Lyon, et portant au bras un écu fassé de vair sans nombre, avec le nom d'Enguerran, presque effacé. Il laissa trois fils, qu'il avoit eû d'Agnes de Baugency sa femme; sçavoir, Raoul I. du nom, qui a été Seigneur du Coucy, Enguerran de Coucy, baptisé par Barthelemy Evêque de Laon, qui mourut environ l'an 1174. et fût enterré dans l'Eglise de S. Denys en France. Et le troisiéme, Robert II. du nom qui a été Abbé de Foigny.

RAOVL I. DV NOM,

Seigneur de Coucy, de Marle, de la Fére, de Crecy, de Vrevin, et de Pinon.

Ce Raoul I. fils d'Enguerran II. et d'Agnes de Baugency, reçût au Baptême le nom de Raoul, en memoire de Raoul Seigneur de Baugency son Ayeul maternel, ou du Prince Raoul Comte de Vermandois, son grand Oncle.

Etant encore jeune lorsque son Pere mourut, Gautier le Mire lui fût donné pour Gouverneur, qui étoit un illustre de ce tems. Il porta au commencement le nom de Marle, à cause du sejour ordinaire qu'il y faisoit. Pendant qu'il y étoit en 1166. il confirma aux Religieux de Thenailles la donation qu'Enguerran son pere leur avoit fait, y ajoûtant aussi du sien.

Ce Seigneur s'acquit avec le tems une illustre reputation, non seulement par ses vertus, mais par les Alliances qu'il contracta, ayant épousé deux excellentes Princesses l'une du Sang Royal de France, et l'autre de la Maison de Hainaut, celle qu'il épousa en premieres Noces fût Agnes du Haynaut, seconde fille de Baudoüin Comte de Haynaut, et d'Hermenson, ou Alix de Namur; nous avons raporté cy-devant les armes de cette Maison, qui sont chevronnées d'or et de sable de six pieces. Et en seconde Noces il épousa Alix de Dreux, fille de Robert de France, sa parente au quatriéme dégré, car comme il avoit eû pour ayeule Mahaut de Vermandois, fille ainée d'Hugues de France, frere du Roi Philippe I. aussi cette Alix étoit fille de Robert de France. Comte de Dreux, petit fils du méme Roi Philippe, et niece du Roi Loüis le Jeune; elle eût aussi pour mere Agnes Comtesse de Braine, et pour frere, Robert II. du nom, Comte de Dreux et de Braine, qui épousa Yolande de Coucy fille aînée de

Raoul de Coucy, au moyen desquelles deux mariages Raoul devint Beau-pere d'un grand Prince, Gendre d'un fils de France, et Cousin germain par sa femme de Philippe Auguste.

DREUX.

Echiqueté d'or et d'azur à la Bordure de Gueulle

Ce Raoul étoit en si grande estime auprés de Philippe Auguste, qu'en une guerre qu'il eût contre Philippe d'Alsace Comte de Flandres, qui vouloit usurper sur lui les Seigneuries de Marle et de Vrevin, en qualité de Comte de Vermandois dont il pretendoit que ces Seigneuries dépendoient, ce Roi lui préta secours, et se rangea toûjours de son party ; l'Histoire remarque que cette guerre fût fort échauffée, et que l'armée de Raoul étoit composée de deux cens mille hommes, aussi remporta-il la Victoire sur son ennemy.

Il ne fût pas plûtot sorti de cette guerre, qu'il crût être obligé d'accompagner le Roi, qui alloit en Egypte contre Saladin, en laquelle, aprés avoir donné des marques illustres de son courage, il fût tué au siége et à la prise d'Acre. Ce Seigneur avoit eû pendant sa vie tant de sagesse et tant de conduite dans toutes ses affaires, qu'il s'étoit toûjours fait admirer de chacun ; pour procurer le paix à sa Maison avant partir pour son voyage, il voulut faire partage de tous ses biens, comme il sera dit cy-aprés.

Il accorda aussi du consentement de sa femme et de ses enfans, à l'Abbaye du Mont S. Martin, Diocese de Cambray, plusieurs Exemptions et Privileges, et fit des Donations à l'Abbaye de Thenailles en 1187. et 1189, il confirma encore du consentement de la méme Alix de Dreux sa femme, et de ses enfans, plusieurs Donations faites par Enguerran son pere, à l'Abbaye de Clerefontaine ; il en avoit fait encore d'assez considerables aux Eglise de Premontré et de S. Denys en France, pour le repos de l'ame d'Agnes de Haynaut sa premiere femme, qui étoit morte en ce tems. Ayant été tué en Egyte, comme il vint d'être dit, son corps fut raporté en France à l'Abbaye de Foigny, où il avoit choisi sa sepulture avec Alix de Dreux sa femme.

Il laissa huit enfans ; sçavoir, trois filles d'Agnes de Hainaut, dont la premiere fût Yolande de Coucy, qui avoit épousé Robert II. Comte de Dreux et de Braine, fils de Robert de France, Comte de Dreux, qui étoit fils puisné de Loüis-le-Gros, pere de Loüis le Jeune, et oncle de Philippe Auguste ; d'où est sortie une tres-grande et illustre posterité.

Voici les Armes de cette Maison de Dreux.

DREUX.

Echiqueté d'or et d'azur à la Bordure de Gueulle.

La 2. fût Isabeau de Coucy, qui épousa en premieres Noces Raoul, Comte de Roucy, dit Wiscart, dont voicy les Armes.

ROUCY.

D'or au Lyon d'azur.

Et en secondes Noces, elle épousa Henry, Comte de Grandpré, dont suit aussi le Blazon.

GRANDPRÉ.

Burelé d'or et de Gueulle de dix pieces

La 3. fût Ade de Coucy, qui épousa Thiery, Seigneur de Beure en Flandres.

Les autres cinq qu'il eût d'Alix de Dreux, furent Enguerran III. du nom, dont il sera fait mention cy-aprés.

Thomas de Coucy, qui donna commencement à la branche des Seigneurs de Vrevin, qui eût en partage les Seigneuries de Vrevin, de Fontaine et de Landouzies, suivant la destination que son pere lui en fit par son Testament, et qui épousa Mahaut de Retel, fille de Hugues, comte de Retel, et de Felicitas de Beaufort sa femme.

RETEL.

De Gueulle à 3. Rateaux d'or.

Raoul de Coucy, qui fût Evéque de Noyon.

Robert de Coucy, qui épousa en premieres Noces, Elisabeth de Roucy, fille de Robert Seigneur de Pierpont, et d'Eustache, Comtesse de Roucy, sa femme, sœur et heritiere de Jean I. du nom, Comte de Roucy ; et en second Noces, il épousa Godde, veuve du Seigneur de Preaux et de Raineval.

Et la derniere fût Agnes de Coucy, qui aprés la mort de son pere, épousa Gilles, Seigneur de Beaumez, Châtelin de Bapaume.

BEAUMEZ.

De Gueulle à la Croix d'or dentée.

Par le Testament que fit Raoul leur pere en 1190. pour les partager, il donna à Enguerran son aîné, les Terres et Seigneuries de Coucy, de Marle, de Crecy, de la Fére et de S. Gobain : à Thomas son second, ses Terres et Seigneuries de Vrevin, de Fontaines et de Landouzies, dont il voulut qu'il fit hommage à son aîné ; il donna à Raoul, qu'il avoit destiné à l'Eglise, une rente viagere de 40. liv. parisis, à prendre sur ses revenus de Roye ; il laissa à Robert sa Seigneurie de Pinon, et ses dépendances, à la charge d'en faire pareillement hommage à Thomas ; il ne donna point de fonds à Agnes, mais une Dot de seize cens liv. monnoye d'Artois, à prendre sur les revenus de Marle et de Crecy. Il voulut outre cela, qu'il y eût reversion de biens de l'un à l'autre, à défaut d'hoirs, qui étoit une tacite prohibition d'aliéner.

Alix de Dreux sa veuve aprés la mort de son mary, envoya à la Commune de Marle, des Troupes, pour secourir Robert Seigneur de Pierpont, en une guerre qu'il eût contre Nicolas Seigneur de Rumigny, dans le Diocese de Laon.

En 1207. elle approuva toutes les Donations faites à l'Eglise de Premontré par Raoul son mary, son Doüaire y étant affecté.

Elle vivoit encore en 1212. comme il paroit par un Traité fait entre Thomas et Robert ses enfans, auquel elle intervint.

ENGVERRAN III.

surnommé le Grand, Seigneur de Coucy, de Marle, de la Fére et de Crecy, Comte de Roucy et du Perche.

Enguerran III. qui par le partage, dont il vient d'être parlé, fût fait Seigneur de Coucy, de Marle, de la Fére, de S. Gobain et de Crecy en Laonnois ; a été aussi le premier de cette branche qui a acquis à sa Postérité une illustre reputation de vertus, qui ont continuées jusqu'au dernier des Enguerran.

Il fit de grandes augmentations en la Seigneurie de Coucy, rendit la Place plus forte et plus considerable qu'elle n'avoit pas encore été, l'enrichit de plusieurs beaux Edifices, rebâtit tout le Château, et y fit faire une tres-belle Chapelle, avec une magnifique Tour d'une structure admirable, telle qu'on la voit subsister encore aujourd'huy, l'ayant accompagné de quatre autres moindres; il ceignit aussi la Ville de belles murailles, et la Forteresse de plusieurs Tours, depuis le Béfroy & l'Ancienne Porte, qu'on apelloit Soissonne, jusqu'à celle de Laon; il fit aussi bâtir le Château de S. Gobin, ceux d'Assies et de Marle, le Chastellier audessus de la Fére, le Parc et la Maison de Folembray, celle de S. Aubin qui est entre Coucy et Noyon, et quantité d'autres Forteresses, et ce avec des dépenses merveilleuses.

Il a été marié trois fois, il épousa en premieres Noces Beatrix de Vignory, veuve de Jean I. du nom, Comte de Roucy, Vicomte de Mareüil, et sœur de Gautier, Seigneur de Vignory.

VIGNORY.

De Gueulles à six Burelles d'argent.

C'est pour cela, qu'il prit la qualité de Comte de Roucy, mais il la quitta peu de tems après, pour prendre celle de Comte du Perche; car cette Beatrix étant morte, il épousa Mahaut de Saxe, veuve de Geoffroy III. du nom, Comte du Perche, qui s'étant croisé pour l'entreprise de Constantinople, mourut avant son départ, à la fin de l'an 1202; cette alliance étoit beaucoup plus noble et plus illustre que la precedente.

SAXE.

Fassé de sable et d'or de six pieces, à une Bande fleuronnée de Synople en forme de Couronne brochant sur le tout.

Mahaut de Saxe étoit petite fille, d'Henry II. Roi d'Angleterre, et d'Alienor de Guyenne Reine de France sa femme, fille d'Henry Duc de Saxe, et de Mahaut d'Angleterre sœur d'Othon de Saxe, Comte de Poitou, depuis Empereur, et niece de Richard I. aussi Roi d'Angleterre. qui en premieres Noces la maria avec le Comte Geoffroy du Perche.

Cét Enguerran a été un des grands Capitaines de son tems, et a été de toutes les guerres qui se sont faites pendant sa vie, tant en Asie et en Affrique, qu'en France, en Angleterre et en Flandres, où il signala par tout son courage; il étoit au siege d'Acre avec Raoul son pere, d'où il ramena son corps en France; il étoit encore des premiers, avec ses freres, à la guerre que Philippe Auguste eût en Flandre, contre l'Empereur Othon, méme à la journée de Bouvines, qui fût une des plus sanglantes Batailles qui se donna jamais en France; il alla aussi en ce méme tems au Païs des Albigeois, où il rendit de signalées preuves de son zele pour la Foy chrétienne; auquel tems mourut la Comtesse Mahaut de Saxe sa seconde femme, ce qui fit que Philippe Auguste songea à le remarier une troisiéme fois, lui voulant faire épouser Jeanne, heritiere du Comte de Flandres, mais cela n'ayant pas réussi il tourna ses affections ailleurs épousant Marie de Montmirel, alliée aux plus grands du Royaume; elle étoit fille de Jean, Seigneur de Montmirel et d'Oisy, qui se fit Religieux à Longpont, au moyen dequoy les Seigneuries de Montmirel, d'Oisy et de Crevecœur, des Fertez Ancoul et Gaucher, et plusieurs autres belles Terres, tomberent depuis dans sa Famille, avec la Vicomté de Meaux et la Châtelenie de Cambray, aprés la mort de deux de ses freres, qui decederent sans enfans; elle avoit d'abord aporté à son mary, pour sa Dot, la Seigneurie de Condé en Brie, et quelques autres biens.

Voicy les Armes de cette Maison.

MONTMIREL.

De Gueulle au Lyon d'or.

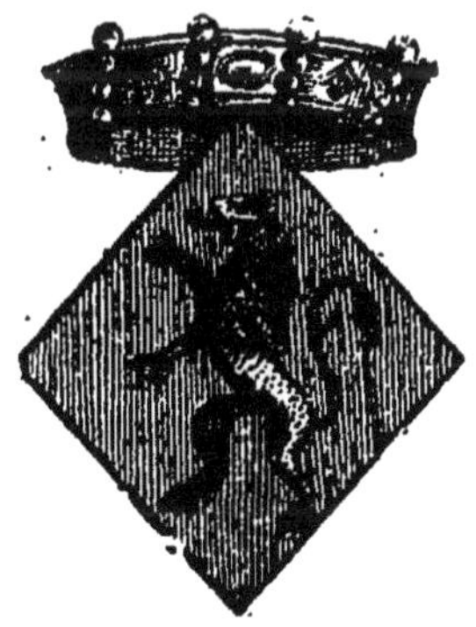

Cét Enguerran fût aussi l'un des principaux, qui conseillerent à Loüis de France, fils aîné de Philippe Auguste, qui fût depuis Roi, sous le nom de Loüis VIII. le dessein de la conqueste du Royaume d'Angleterre, et l'y accompagna avec cinquante Chevaliers qu'il y mena à ses frais et dépens, ce qu'à peine pouvoient faire alors les Fils de France; le conseil qu'il donna à ce Prince, lui attira la hayne de plusieurs, comme celle du Pape Honoré III. qui au sujet des ravages que fit cét Enguerran dans les Terres de l'Eglise de Laon, ayant pris en ce tems le Doyen prisonnier, se vit obligé d'envoyer mandement aux Archevêques de Reims, de Sens, et de Roüen, à l'effet de fulminer Sentence d'excommunication contre lui, et contre ceux qui étoient de son party comme il paroit par la Bulle de ce Pape donné l'an premie, de son Pontificat, en vertu de laquelle, Enguerran fût excommunié, notamment dans la Province de Reims, par les Evêques et Chapitres de Laon, de Chaalons, de Soissons, de Beauvais, de Noyon, d'Amiens, de Cambray, d'Aras et de Tournay, ce qui arriva pendant qu'il étoit en Angleterre avec le Prince Loüis; mais à son retour il fût relevé de cette excommunication, à condition qu'il n'en useroit plus comme il avoit fait, à l'égard des Ecclesiastiques. Il s'étoit acquis tant de reputation aupres de la Noblesse de France, qu'il n'y avoit personne qui ne lui souhaitta la Couronne sur la teste, et il rendit toûjours à son Prince des preuves de son affection et de sa fidelité; Neanmoins l'action qu'il fit à la suite le rendit un peu suspect, s'étant trouvé du nombre des hauts Barons qui se liguerent avec Henry III. Roi d'Angleterre, et Pierre Duc de Bretagne, pour faire la guerre à Thibaut Comte de Champagne, que S. Loüis protegeoit, et selon plusieurs Chroniques, les choses tournerent tellement à l'avantage d'Enguerran, que les Barons qui étoient les grands du Royaume, considérans son mérite et ses qualitez, issus du Sang Royal et Imperial, proche parent et cousin germain du dernier Roi, delibererent entr'eux de l'élever sur le Trône, Loüis VIII. étant mort, et effectivement ils l'éleurent pour Roi, ayant méme fait faire une Couronne pour le couronner; mais il affecta si peu cette gloire, qu'il la negligea et quoy qu'il fût en son pouvoir de maintenir par la force des armes le droit de son élection, comme avoit fait Hugues Capet, et plusieurs autres auparavant lui ; néanmoins voyant qu'il se preparoit des guerres intestines, et qu'il se formoit un party pour conserver la Couronne au Pupile de Loüis ; ce genereux Prince ayma mieux renoncer à cette gloire, preferant le repos et le bien public, à son interêt particulier.

Il est donc vray de dire, que si ce Seigneur de Coucy eût accepté la Couronne, et qu'il l'eût voulu conserver, comme il le pouvoit faire, S. Loüis et ses Successeurs n'y auroient peut-être eû aucune part, et ceux de Coucy en auroient été les légitimes possesseurs ; c'est donc par la sage et la généreuse conduite de cét Enguerran, que la Couronne de France à été transmise et renduë hereditaire à la Famille de S. Loüis.

Ce nom de Coucy étoit alors si fameux et si redoutable par toute la Chrétienneté, et cette Seigneurie avoit tant de prerogatives d'honneur, qu'elle passoit pour Souveraine au milieu du Royaume, ayant ses Loix et ses Coûtumes particulieres, et ses Sujets tellement responsables et cottisables envers leur Seigneur, que le Roi n'en pretendoit aucune chose, ni Taille, ni quelque Impôt que ce fût.

En l'année 1230, que les Sarazins faisoient de grands ravages dans la Chrétienneté, ce Seigneur, quoy qu'âgé de soixante ans, prit la resolution de les aller combattre, menant quantes-lui Raoul son fils aîné, et plusieurs braves Chevaliers, avec lesquels il passa en Syrie, où il demeura l'espace de dix ans, ne cessant d'y faire la guerre, mais enfin il y mourut âgé de soixante et dix ans, en la Ville de Tyr, d'où son Fils le fit transporter en France, et inhumer en l'Abbaye de Foigny prés de Raoul son père.

Long-tems auparavant partir pour ce voyage, il avoit confirmé les donations que son Pere avoit faites en faveur de l'Abbaye de Thenailles, et celles faites à l'Abbaye de Premontré, et autres Eglises, par ses ayeuls.

Il laissa cinq Enfans, qu'il avoit eu de Marie de Montmirel ; sçavoir Raoul II. du nom, Seigneur de Coucy, et autres dont il sera parlé cy-aprés.

Enguerran IV. du nom, qui fut Seigneur de Coucy, aprés son frere Raoul, et succeda de plus à sa Mere aux Seigneuries de Montmirel, d'Oisy, de Crevecœur, de la Ferté Ancoul, de la Ferté Gaucher, et Trêmes, en la Vicomté de Belo, et en la Châtelenie de Cambray.

Jean de Coucy, qui dés sa jeunesse servit le Roi S. Loüis avec son Pere, en la guerre qu'il fit contre le Comte de la Marche, qui est la seule action memorable qu'on trouve de lui, car il mourut peu de tems apres, et fut enterré dans l'Abbaye de Foigny près de son Pere.

La 4. Marie de Coucy fille aînée d'Enguerran, qui épousa en I. Noces Alexandre Roi d'Ecosse II. du nom ; et en 2. Jean de Brienne dit d'Acre, grand Bouteiller de France, fils de Jean de Brienne Roi de Jerusalem, & d'Acre, et de Berenguere de Castille.

ECOSSE

D'or à un Lyon de Gueulle enclos dans un double Trescheur ou Essonier fleuré & contrefleuré de même.

Et la 5. fut Alix de Coucy, qui épousa Arnoul III. du nom, Comte de Guines, fils de Baudoüin III. Comte de Guines, Seigneur d'Ardres, et Châtelein de Bourbourg ; dont voicy aussi les Armes.

GUINES

Vairé d'or & d'azur.

Enguerran eût encore cinq ou six autres Enfans qui moururent jeunes, et qui furent inhumez en l'Eglise de Premontré, que ses Ayeuls avoient fondé.

RAOVL II. DV NOM

Seigneur de Coucy, de Marle, & de la Fère.

Raoul II. succéda à la Seigneurie de Coucy, à Enguerran III. duquel il étoit fils aîné.

Il épousa Philippe de Ponthieu, seconde fille de Simon de Dammartin, Comte de Ponthieu, et de Montreüil, laquelle étoit veuve de Raoul d'Issoudun II. du nom, Comte d'Eu, qui avoit épousé en I. Noces Yoland de Dreux. Voicy les Armes de cette Maison de Ponthieu.

PONTHIEU

D'or à trois Bandes d'azur.

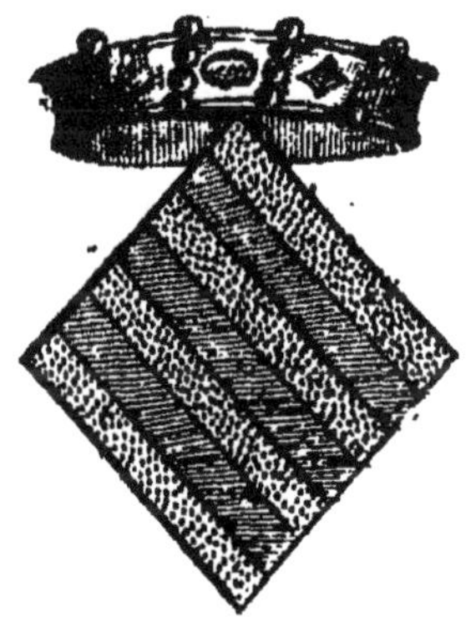

Il ne vêcut pas long-tems avec elle, non plus que son premier mary; car S. Louis étant allé en la Terre-sainte, faire la guerre aux Sarazins, il l'y accompagna, mais il y fût tué à la Bataille de Massoure; des Auteurs dignes de foy, raportent quelque chose de bien particulier de lui, et de la femme d'un Gentil-homme de son Voisinage, pour laquelle il avoit eu pendant sa vie de fortes inclinations, qui n'avoient pas plûes au sieur du Fayel son mary. Ce Raoul s'étant vû blessé à mort à Massoure, écrivit une Lettre à cette Dame, contenant ses derniers adieux, qu'il ordonna à son Escuyer de lui porter avec son cœur après sa mort. L'Escuyer l'ayant fait ouvrir se chargea de ce cher gage, et retourna en France pour s'acquitter de sa promesse, mais ayant malheureusement rencontré le sieur du Fayel près de sa maison, qui l'auroit reconnu pour l'Escuyer du Sire de Coucy, le soupçonnant chargé de quelques messages pour sa femme, se saisit de lui, le menaçant de le faire mourir, s'il ne lui déclaroit le sujet qui l'amenoit chez lui ; cét Ecuyer surpris et intimidé, fut obligé de lui découvrir son secret, lui donnant les Lettres et le cœur de son Maître. Ce que fit du Fayel à la suite, fut de faire hacher ce cœur par son Cuisinier, et en faire un ragoût pour sa femme, tel qu'il sçavoit étre à son appetit, ce qui fut servi devant elle à Table ; après en avoir mangé avec assez d'avidité, il lui déclara l'aprédiné, avec de sensibles reproches, ce qu'il avoit fait, à quoi elle répondit, puisque j'ay mangé d'une si noble Viande et que mon estomach est le Tombeau d'une chose si précieuse, je n'en veux plus méler d'autres avec celle-là. La douleur et le dépit étouffant alors le reste de ses paroles elle s'enferma dans son Cabinet, et par une abstinence de quatre jours, elle éteignit sa vie parmi les sanglots et les soûpirs.

Il fut un homme de grand merite et des plus valeureux Chevaliers de la Chrétienneté ; mais également aumônier et liberal, à l'exemple de ses Predecesseurs ; il fonda le Prieuré S. Nicolas Cordelle de Laon, où sont à present établis les Peres Minimes, auquel lieu il mit en garde ses principaux Titres et Papiers ; il donna à l'Abbaye S. Martin de Laon, où il fut enterré, la Terre de Samoussy et tous les bois qui en dépendent ; Enguerran IV. son frère puisné, avoit transporté son Corps d'Asie en France.

Il eut de Philippe de Ponthieu sa femme, un fils nommé Enguerran qui mourut en bas âge, avant Raoul son pere ; de sorte qu'après la mort de ce Raoul, Enguerran IV. son frere, second fils d'Enguerran III, succeda à la Seigneurie de Coucy, et à plusieurs autres Terres.

ENGVERRAN IV, SEIGNEVR
de Coucy, de la Fére, d'Oisy, de Montmirel, de Crevecœur, d'Auraincourt, des Fertez Ancoul, & Gaucher, de Thrêmes, & de Condé en Brie, Vicomte de Meaux, & Châtelain de Cambray.

Enguerran IV. fils d'Enguerran III. étant fait Seigneur de Coucy, par le déceds de Raoul II. son frere qui étoit mort sans enfans, comme il vient d'être dit, succeda aux Seigneuries d'Oisy, de Montmirel, de Crecy en Laonnois, de la Fére, de Marle, et à plusieurs autres grands biens qu'il posséda l'espace de quarante-huit ans ; sçavoir depuis 1249, que S. Loüis regnoit, jusqu'en 1298. qu'il mourut, Philippe le Bel regnant.

Il fit de tres-belles actions pendant les regnes de S. Loüis, de Philippe III. et de Philippe le Bel, dans les guerres qu'ils eurent en Asie, en Affrique, en Espagne, et en plusieurs autres endroits, comme ses Predecesseurs avoient faits ; mais à la suite il commença à degenerer de la vertu de ses Ancêtres, et à abuser de son autorité et de son credit, se voyant revêtu de grands biens, qui lui étoient écheus par le decés de Raoul son frere aîné, comme il a été dit ; il dévint tellement emporté, qu'il pensa perdre toute sa Maison, à l'occasion de trois jeunes Gentilshommes Flamens, lesquels ayant été trouvés chasser dans sa Forêt, les fit apprehender, et sans autre formalité de procés, les fit pendre, dequoi saint Loüis fut si fort irrité, que sans le grand nombre d'intercesseurs qu'il eut, il auroit asseurement couru risque de la vie, ce qui fut commué en de grosses amendes, le Roi l'ayant condamné à fonder deux Chapelles pour les ames de ces trois jeunes Gentilshommes, à la somme de dix mil liv. qui fut emploiée pour l'Hôtel-Dieu de Pontoise, et pour achever les Bâtimens des Couvents des Jacobins, et des Cordeliers de Paris, à aller quelque tems à ses dépens en la Terre-sainte, avec un certain nombre de Chevaliers, ce qu'il jura solennellement d'accomplir ; mais le pape le dispensa depuis de son serment, à condition neanmoins qu'il payeroit encore la somme de douze mil livres, pour être employée au rachat des Chrêtiens captifs, à quoi le Roi consentit aussi, en le confirmant par ses Lettres en date de l'an 1261. cette occasion lui fut fort avantageuse puisqu'il en fit son profit : et à la suite il s'acquit tant de reputation, qu'il repara toutes les fautes qu'il avoit faites ; aussi le Roi le considera tellement, qu'il le fit Admiral de France, qu'il erigea en titre d'Office et de Dignité ordinaire, laquelle Charge il exerça avec tant de sagesse et de conduite, qu'il se fit admirer et aimer de chacun ; mais le bon-heur ne l'accompagna pas toûjours, car il fut fait Prisonnier peu de tems aprés, par l'Admiral d'Aragon, en une guerre que la France eut contre l'Espagne, immediatement aprés les Vespres Siciliennes.

Etant sorti de *Prison* à la fin de cette guerre, le Roi lui donna le commandement de l'Armée dans celle qu'il eut contre le Roi d'Angleterre, et les Comtes de Flandres et de Bar, cette guerre dura fort long-tems, et il n'en vit point la fin ; si-bien qu'aprés avoir sacrifié toute sa vie pour le salut de sa Patrie ; il mourut fort âgé, mais sans enfans, laissant une tres-riche succession à Enguerran de Guines son Neveu, fils du Comte de Guines, et d'Alix de Coucy sa sœur.

Il avoit épousé en I. Noces Marguerite de Gueldres fille d'Othon III. Comte de Gueldres ; et de Marguerite de Cleves sa premiere femme.

GUELDRES

D'azur au Lyon contourné d'or
armé & couronné de Gueule.

Laquelle Alliance fut faite ensuite de celle que le Comte Othon reprit avec Philippe de Ponthieu, veuve de Raoul II. Seigneur de Coucy, frere aîné de cét Enguerran, ce fût avant l'année 1266. Il fut trente ans avec Marguerite de Gueldres, sans avoir eu d'enfans. En 2. Noces il épousa Jeanne de Flandres, fille aînée de Robert dit de Bethune, Comtesse de Flandres, et d'Yoland de Bourgogne, Comtesse de Nevers, sa seconde femme.

FLANDRES

D'or au Lyon de sable.

5

Il fut fort charitable, et grand Aumônier ; outre les charités qu'il faisoit à ceux qui demeuroient dans ses Terres, il dota plusieurs Maladeries, et plusieurs Hôpitaux, il fit rebâtir le Monastere de Nogent, l'Eglise des Cordeliers de Paris, le Dortoire des Jacobins, et partie de la Lingerie proche S. Innocent, il fit encore quantité de Legs pieux par son Testament, à dix ou douze Eglises, et Monastères, qui étoient de l'ancienne fondation de ses Ayeuls ; sçavoir, Premontré, Nogent sous Coucy, Thenailles, S. Gobin, S. Lambert, le Val S. Pierre, Nostre-Dame de Laon, l'Eglise collegiale de la Fére, le Couvent de Ste Elizabeth de Genlis, et de S. Etienne; il fit aussi des Donations à l'Abbaye de Belleau, et à celle de la Grace prés de Montmirel ; Toutes lesquelles Eglises et Monasteres ont obtenu de Philippe le Bel des Lettres d'amortissement des biens et heritages à eux leguez par ce Testament. Il avoit fait transporter le corps de Raoul II son frere, d'Asie en France, qu'il fit inhumer comme il vient d'être dit, dans l'Abbaye S. Martin de Laon, où il avoit choisi sa Sepulture avant son départ. Jeanne de Flandre sa veuve, survécut son mari de vingt-deux ans, toûjours dans une haute reputation, ce fut par son addresse, que furent terminées les guerres de Flandres, dans lesquelles étoit perie presque toute la Noblesse de France, tant à Furnes, qu'à Courtray, et en quatre ou cinq autres Batailles. Ce fut elle aussi qui ménagea le mariage de Loüis de Nevers, et de Flandres son frere, avec Marguerite de France, fille de Philippe le Long, au moyen dequoy la Paix se fit entre le Roi, et Robert comte de Flandres frere de cette Dame de Coucy ; elle mourut en 1333. Abbesse du Sauvoir sous Laon.

ENGVERRAN DE GVINES

V. du nom, Seigneur de Coucy, de la Fére, de Marle, d'Oisy, de Montmirel, de Condé en Brie, &c.

Enguerran IV. étant mort sans enfans, sa Succession, comme il vient d'être dit, échût en ligne collaterale à ses Neveux, enfans d'Alix de Coucy sa sœur, qui avoit épousé

Arnoul III. Comte de Guines, leur pere et mere étans decedés peu de tems auparavant ; laquelle Alix de Coucy, avoit eû d'Arnoul de Guines, trois Fils, sçavoir Baudoüin, Enguerran, et Jean, qui partagerent entr'eux les successions de leur pere et mere, et de leur oncle, par lequel partage Baudoüin eut le Comté de Guines, Enguerran les Seigneuries de Coucy, de Marle, et de la Fère sizes en Vermandois, celles d'Oisy, et d'Auraincourt dans le Cambresis, Montmirel, Condé en Brie, et Chalon dit le petit, avec la Châtelenie de Château Thierry, et l'Hôtel de Coucy de la Ville de Paris ; et Jean eut les Châtellenies de la Ferté Gaucher, et de la Ferté Ancoul, la Vicomté de Meaux, et les Terres de Boissy, de Thrêmes, Bello, et Romeny ; ce que le roi confirma à la suitte par Lettres de 1311. insérées aux Regitres de la Chancelerie de France.

Ainsi nôtre Enguerran fut le V. du nom, en la suite des Seigneurs de Coucy ; mais toute sa vie il retint le nom de Guines, avec les Armes qu'il écartela neanmoins, de celles que les Seigneurs de Coucy ses Predecesseurs portoient, se qualifiant toûjours dans tous les Actes, passés en son nom d'Enguerran de Guines Sire de Coucy.

Si-bien qu'Enguerran de Guines, Chef des derniers Seigneurs de Coucy, porta les Armes de Coucy, écartelées, avec celles de Guines ; mais ses Descendans, prenans le surnom de Coucy, en retinrent aussi les Armes pleines, qui sont fascées de vair et de Gueulle de six pieces, comme celles qui sont au commencement de cette Histoire, en la 44. page. Cét Enguerran de Guines fut élevé à la Cour d'Alexandre III. Roi d'Ecosse, son oncle, qui avoit épousé Marie de Coucy, sœur d'Alix, et d'Enguerran IV. et il lui procura l'alliance de Chrestienne de Bailleul son alliée, Dame d'extraction Françoise, qui avoit été aussi élevée dans son Roiaume, et dont Jean Seigneur de Bailleul son frere, fut Successeur d'Alexandre à cette Couronne.

BAILLEUL

D'hermines à l'Ecusson de Gueulle en cœur.

Leurs Noces furent faites en Ecosse devant l'an 1285. ensuite de-quoy Enguerran revint en France avec son Epouse, où il recuillit les successions de son Oncle.

Il mourut peu après l'année 1321. et fut inhumé en l'Eglise de Premontré.

Il laissa cinq enfans, qu'il avoit eu de Chrestienne de Bailleul, dont le I. qui fut Guillaume, Seigneur de Coucy, de Marle, de la Fére, d'Oisy, et Montmirel, continua la ligne des aînés.

Enguerran de Coucy, Seigneur de Condé en Brie, et à la suite Vicomte de Meaux, après la mort de Jean de Guines son oncle, qui fit une autre Branche ; fut le second.

Baudoüin de Coucy, qui mourut jeune fut le troisième.

Robert de Coucy, le quatrième, qui fut Chantre de l'Eglise de Cambray, Seigneur du Châtelier, du petit Chalon, et de Courcelles en Brie ; et eut aussi de la succession de Jeanne de Guines sa cousine, la Châtelenie de la Fert' Gaucher, et les Terres de Romeny et de Chamigny ; lesquelles aprés la mort, retournerent aux enfans de Guillaume, Seigneur de Coucy, son frere aîné.

Le cinquiéme fils mourut jeune avant 1303.

GVILLAVME, SEIGNEVR
de Coucy, de Marle, de la Fére, d'Oisy, de Montmirel.

L'Aîné d'Enguerran de Guines, Seigneur de Coucy, fut Guillaume, qui prit le Nom et les Armes pleines de Coucy, qui furent retenuës depuis par ses Descendans, telles qu'elles se voyent au commencement de cette Histoire page 44.

Dés l'an 1311. son pere le maria avec Isabeau de Châtillon, dit de S. Paul, fille de Guy de Châtillon, Comte de S. Paul, Bouteiller de France, et de Marie de Bretagne sa femme.

Chatillon S. Paul

De Gueulle à trois Pals de vair, au Chef d'or chargé d'un Lambel d'azur de cinq pendans.

Le Traité s'en fit dans l'Abbaye Nôtre-Dame la Royale, prés de Pontoise, en la presence de Philippe le Bel. Le

Comte Guy promit de donner à Isabeau sa fille, pour sa dot, la somme de 20,000. liv. tournois, dont Charles Comte de Valois, et Loüis Comte d'Evreux, freres du Roi, Loüis Comte de Clermont son cousin, Gaucher de Châtillon Comte de Porcean Connêtable de France, et Guillaume de Harcourt, Sire de la Saussaye, se rendirent pleiges et cautions. Enguerran de Guines mit aussi de son côté, Guillaume son fils, en possession de toute la Baronie de Coucy, et de toute la terre d'Oisy, sur laquelle fut assigné le Doüaire d'Isabeau, à condition que quand Jeanne de Flandres, veuve d'Enguerran IV. Seigneur de Coucy, grand oncle de Guillaume, viendroit à mourir, elle le prendroit sur la Seigneurie de Hauraincourt, dont elle joüissoit ; Neanmoins parce que Enguerran se reservoit l'usufruit de la Seigneurie de Coucy, Guillaume son fils ne prit point durant ce tems, le titre de Seigneur de Coucy. mais peu de tems après étant mort, Guillaume le prit.

Il ne se trouve rien des actions de ce Seigneur, qu'une suitte des vertus de ses Ancêtres, il mourut en l'année 1335. et fut inhumé dans l'Eglise de Premontré, avec Isabeau de S. Paul sa femme, qui lui survêcut plusieurs années, il laissa six enfans ; sçavoir, quatre fils et deux filles ; Enguerran VI. qui fut Seigneur de Coucy, de Marle, de la Fère, et d'Oisy.

Jean de Coucy, qui eut en partage la Châtelenie d'Hauraincourt, chargée d'une partie du Doüaire d'Isabeau de S. Paul sa mere, suivant un accord fait en 1347. entre Catherine d'Autriche, veuve d'Enguerran Seigneur de Coucy son frere aîné, comme ayant la garde Noble d'Enguerran de Coucy leur fils, d'une part ; et lui, et ses autres freres et sœurs d'autre. Et depuis la même Catherine s'étant remariée, le gouvernement de cét Enguerran son neveu, lui tomba ; mais quelque tems après il deceda sans Enfans, laissant pour heritier de la Seigneurie d'Hauraincourt, Raoul de Coucy Seigneur de Montmirel son frere, contre lequel iceluy Enguerran Seigneur de Coucy, eût procés au Parlement.

Le troisiéme fut ce Raoul de Coucy Seigneur de Montmirel, et de la Ferté Gaucher ; et ensuite d'Encre, et d'Hauraincourt, de Bailleul, et d'Hornoy, qui épousa Jeanne de Harcourt, fille de Jean Comte de Harcourt, et Blanche de Ponthieu,

Comtesse d'Aumalle; laquelle Jeanne avoit pour frere, Jean Comte de Harcourt, marié à Catherine de Bourbon, sœur de Jeanne de Bourbon Reine de France, il portoit les Armes de Coucy chargées sur la première fasce de Gueulle, d'un Lyon d'or, qui étoit l'Ecu de l'ancienne maison de Montmirel, telles qu'elles se voyent au Blazon qui suit.

Le quatrième fut Aubert de Coucy, Seigneur de Troüay, Terre scituée prés Montmirel en Brie, qui lui échût en partage avec plusieurs rentes; lequel épousa Jeanne de Villesavoir, Dame de Droisy. Il mourut en 1400. et sa femme étoit morte vingt ans auparavant lui; leur tombeau se void dans l'Eglise de Nogent sous Coucy. Ils ne laisserent que deux Filles, qui furent bien alliées.

Aubert de Coucy, eût aussi un Fils naturel, à qui Charles VI. donna des Lettres de legitimation.

Le cinquéme enfant de Guillaume, fut Marie de Coucy, Dame de Romeny, et de Chamigny, Terres qui lui échûrent en partage, elle ne fût point mariée.

Et la sixiéme Isabeau de Coucy, dont on n'apprend rien.

ENGVERRAN VI. SEIGNEVR
de Coucy, de Marle, de la Fére, & d'Oisy.

Cet Enguerran fut le II. du nom, en la Famille de Guines, et le VI. en la suite des Seigneurs de Coucy. Il succeda en

1335. à Guillaume Seigneur de Coucy son pere, duquel il étoit premier fils, et quelque tems aprés Philippe de Valois lui procura l'alliance d'une grande et illustre Princesse d'Allemagne, Catherine d'Autriche, fille aînée de Leopol I. du nom, Duc d'Autriche, et de Catherine de Savoye son épouse, petite fille d'Albert I. Duc d'Autriche, Empereur des Romains, et arriere fille de Rodolphe I. Comte de Habsbourg aussi Empereur.

Austriche

De Gueulle à la fasce d'argent.

Par leur Contrat de mariage passé en 1337. Philippe de Valois s'obligea de donner en faveur d'icelui, la somme de quarante mille livres à Enguerran de Coucy son cousin, aprés les alliances et les traités accordés entre sa Majesté, et Albert, et Othon Ducs d'Autriche, de Stirie, et de Carinthie, oncles de Catherine d'Autriche. Et par un autre Contract de l'année suivante, le Roi lùi donna encore vingt mil livres ; Et Enguerran constitua six mil livres de rente de Doüaire, à Catherine sa future épouse.

Leurs Noces furent celebrées ensuite, mais elles ne furent heureuses qu'en tant qu'il n'en naquit qu'un fils, avant que la mort les separa ; car aprés avoir vêcu ensemble jusques en 1344. Enguerran mourut, laissant Catherine sa femme, veuve, et à icelle la garde noble de leur fils unique, appellé aussi Enguerran ; en laquelle qualité elle eût depuis plusieurs procés au Parlement, tant contre Isabeau de S. Paul, femme de Guillaume Seigneur de Coucy, que contre les Abbez de S. Mard de Soissons, de S. Nicolas aux bois, et de S. Vincent de Laon. Elle partagea d'ailleurs au même nom, avec Jean, Raoul, Aubert, Marie, et Isabeau de Coucy, freres et sœurs, aux biens qui, aprés la mort de Guillaume de Coucy leur pere, étoient demeurés en commun à Enguerran VI. leur frere aîné, et par une Transaction passée entr'eux en 1347, la Seigneurie de Coucy, de Marle, et de la Fére, celles d'Oisy en Cambresis, et de Boissy, demeurerent à Enguerran VII. son fils.

Cét Enguerran VI. fut encore un des grands Capitaines de l'Europe, et se signala en plusieurs rencontres, dans les Guerres que Philippe le Bel, et Philippe de Valois eurent contre les Anglois, et contre d'autres Souverains ; il fut tué à la Bataille de Crecy, avec plusieurs autres grands Seigneurs. Son corps fut apporté à l'Abbaye d'Orcamp, où il a été inhumé avec Catherine d'Autriche sa femme, laquelle fit de beaux presens à l'Abbaye de Nogent sous Coucy, et à plusieurs autres Monasteres.

Il n'eut d'elle qu'un fils, qui fut Enguerran VII.

ENGVERRAN VII, SEIGNEVR

de Coucy, de Marle, de la Fère, de Crecy, & d'Oisy, Comte de Soissons & de Betford en Angleterre, grand Bouteiller de France.

Incontinent aprés la Transaction dont il vient d'être parlé, Catherine d'Autriche mere d'Enguerran VII. s'étant remariée Philippe de Valois donna l'administration de la Seigneurie de Coucy, à Jean de Nesle, Seigneur d'Offémont, et à Mathieu de Roye Seigneur d'Aunoy, et depuis à Jean de Coucy, Seigneur d'Hauraincourt son oncle, parce qu'il étoit fort jeune quand son pere mourut ; si-bien que, quoi qu'il fut entré dans cette Seigneurie aussitôt la mort de son pere, il ne commença pourtant d'en joüir par ses mains que 12, ans aprés, sçavoir en 1358. auquel tems il entra en majorité, et reçeut les foys et hommages de ses Vassaux.

Cette sage mere, et Jean de Coucy, prirent tant de soin de son éducation, qu'il imita, non seulement ses Ancestres, mais il les surpassa en toute sorte de qualitez et de vertus ; si-bien qu'il étoit le seigneur le plus accompli qui eût encore paru.

Aprés que la Paix fût conclüe entre le Roi de France, et celui d'Angleterre ; Enguerran fut choisi et envoyé en ostage, avec les trois premiers Princes du Sang, pour seureté du Traitté de Paix, et comme caution de la reddition de la Guyenne, de Guines, du Comté de Ponthieu, et de la Rochelle que le Roi devoit faire, et de 3. millions d'or pour sa rançon.

Pendant les quatre années qu'il fut en ce Royaume, le Roi d'Angleterre goûta tellement son esprit, qu'il lui donna en mariage Elizabeth d'Angleterre sa seconde fille, née de Philippe de Haynaut son épouse.

Angleterre

De Gueulle à 3. Leopards d'or.

Le Roi d'Angleterre lui donna en faveur de mariage le Comté de Bethfort, et celui de Soissons, qui étoit tombé à ce Roi, de la rançon de Guy de Châtillon comte de Blois; il lui donna aussi plusieurs Domaines et Seigneuries au Comté de Lancastre.

Etant retourné en France avec son épouse, il affranchit de morte main et de fort mariage, les habitans de ses Terres et Seigneuries de Coucy.

Pendant le sejour qu'il fit en ce Royaume, il se fit admirer de chacun, et le Roi, dont il avoit gagné le cœur, lui donna les plus belles charges de son Royaume, aussi possedoit-il les plus rares qualitez de tous les grands hommes de son tems, et il n'y avoit point d'entreprise de guerre, où il ne fut des premiers, et où sa valeur n'éclata pardessus tous les autres.

Mais une occasion dans laquelle il ne pût prendre party, lui fit abandonner la France, avec regret; ce fut au sujet d'une guerre qu'eût le Roi, contre Edoüard son beaupere, il se retira en Lombardie, où il fit la guerre fort long-tems, pour Jean Galeas, Comte des vertus, Duc de Milan, beaufrere du Roi, contre Bernabo, et ses Alliez, et Confederez, et contre le Pape Gregoire XI.

A son retour il fut député par le Roi, en Bretagne pour quelques affaires d'importance, qui concernoient sa Personne, et son Royaume, c'étoit en 1378. en laquelle année, Pierre Archiduc d'Autriche, pere de Catherine d'Autriche sa mere, étant mort sans enfans, il fut obligé de retourner en France, pour demander secours au Roi contre l'Usurpateur de cette Archiduché, qu'il obtint aussitôt, le Roi lui donnant de bonnes Troupes, et soixante mille livres pour l'aider dans cette entreprise; mais son voyage n'eût point le succès qu'il s'étoit proposé, car ceux du parti d'Autriche, et les Allemans, ayans été avertis, que le Seigneur de Coucy entroit dans leur Païs, ils y mirent le feu, et s'étans retirés dans des lieux innaccessibles des montagnes, il ne fût pas possible de les approcher ; De telle sorte qu'Enguerran fut obligé d'abandonner cette fois son entreprise, et de retourner en France, où voyant que la guerre d'Angleterre continuoit, il resolut de s'y arrêter, et d'attendre la paix, envoyant son épouse avec Elizabeth sa puisnée en Angleterre, et retenant Marie son ainée auprés de lui.

Cependant il fut toûjours employé dans les Conferences de paix qui se traittoient entre ces deux Couronnes, en quoi il reüssissoit admirablement, elle ne fût pourtant point conclüe; mais il ne laissa pas de prendre les Armes pour le Roi, pour la reduction des villes de Chierbourg, Carentan, et autres Places du Comté d'Evreux, appartenantes à Charles Roi de Navarre, qui avoit pris le parti des Anglois, ce qui contribua à le faire entrer si avant dans l'estime du Roi, que la Charge de Connétable étant venüe à vaquer alors, par la mort de Thomas du Guesclin, il la lui presenta, mais il ne voulut pas l'accepter, ce qui lui attira d'autant plus sa bienveillance, qu'il l'obligea d'accepter le gouvernement de toute la Picardie; Ensuite dequoi Loüis Duc d'Anjou Regent le Roiaume de France, lui confirma cette donation.

Le même Enguerran fut incontinent aprés député, pour la seconde fois, en Bretagne, où il ménagea l'accord entre le Roi, et le Duc Jean.

A son retour il se remaria, et prit en secondes Noces Isabeau de Loraine, fille de Jean I. du nom, Duc de Loraine, et de Sophie de Wittemberg. Elle avoit pour frere Charles I. du nom, Duc de Loraine, et Ferry de Loraine, Comte de Vaudemont, Seigneur de Rumigny, et de Boves.

LORAINE

D'or à la bande de Gueulle chargée de 3. Allerions d'argent

Elle apporta en dot à Enguerran, la Seigneurie de Fleurine, et des sommes de deniers assez considerables. Il acquit aussi le Château et la Châtelenie de Beaurein. Ensuite le Roi lui donna la Charge de grand Bouteiller de France, qui étoit alors un des premiers Offices de sa Couronne, tenu autrefois par Guy de Châtillon Comte de S. Paul, pere d'Isabeau de S. Paul Dame de Coucy son ayeule, comme il paroit par les Lettres patentes du Roi données en 1388. qui contiennent aussi l'octroy que le Roi fit de 2. Foires tous les ans en sa Ville de Coucy, aux jours et Fêtes de S. Nicolas en May, et en Decembre, pour trois jours chacune, et cela en consideration de ce que ses Ville, Château, Terre, et Châtelenie de Coucy, avoient été ruinés par trois diverses fois, du feu, et le Païs désolé par les guerres, et tellement appauvri, que cette Ville étoit en danger d'être deserte et inhabitée, aussi-bien que le plat Païs ; ce Château ayant été autrefois l'un des plus considerables du Roiaume, comme étant la clef et la frontiere du costé des pays et marche de Haynaut, du Cambresis, et du Liege ; étant aussi la principalle demeure de la Baronie et Seigneurie de Coucy, tenüe en foy et hommage de sa Majesté.

Enguerran fut ensuite à Calais, pour traitter du mariage d'une fille de France, avec le Roi d'Angleterre, de quoi il s'acquitta tout à fait bien.

Le Roi le choisit encore pour lui faire compagnie à Cambray, à dessein d'aller devancer l'Empereur Charles de Boheme son oncle, qui le venoit voir, et à son retour, il fut en Guyenne avec le Duc d'Anjou, contre les Anglois qu'il mit en déroute. Puis il passa en Italie, où il défit l'Armée des Viscomtes de Milan ; Il y retourna trois ans après, avec 12. mille chevaux, et y prit la Ville de Durazzo, qu'il vendit aux Florentins à la suite, moyennant quarante mille ducats, dont il en distribua à l'Armée, et à plusieurs personnes de merite, plus des trois quarts ; il retourna en France, et en passant dans la Provence la Duchesse d'Anjou qui étoit veuve depuis peu, ayant reclamé sa protection, contre les Usurpateurs de cette Province, il s'employa pour elle avec tant de generosité et d'addresse, qu'il lui fit recouvrer ce qu'elle avoit perdu.

Si-tôt qu'il fut de retour à Paris, il fut fait Lieutenant general des Armées du Roi, contre les Anglois qui étoient décendus en France ; mais ils n'eurent pas la hardiesse de rien entreprendre, comme ils se virent suivis, et pressés de ce Seigneur de Coucy, qui étoit redouté d'eux comme un Cezar, si bien qu'ils se virent obligez de retourner chez eux.

Aprés la mort de Charles V. les Parisiens s'étans soulevés au sujet de quelques impots, dont on les avoit chargés, cét Enguerran fut employé pour reprimer leur insolence, en quoi il fit paroître une si grande addresse, que les choses se passerent, comme on l'avoit souhaité, il étoit alors Gouverneur de Paris.

L'Année suivante, il commanda encore l'Armée, et combatit avec tant de valeur et de prudence, le Comte de Flandres, et les Gantois, qui s'étoient joints avec les Anglois, que leur Armée fut entierement défaite, étant demeuré sur la place quarante mille Flamens, et le reste mis en deroute. En 1385. et les années suivantes, il battit encore les Anglois, et le Duc de Gueldres, qu'il obligea de donner une entiere satisfaction au Roi ; puis il alla en Avignon avec le Roi qui alloit voir le Pape, lequel eût tant de joye de voir ce Seigneur de Coucy, qu'il l'obligea de rester auprés de sa personne ; il avoit conçû une grande estime pour lui, depuis qu'il avoit pris son parti contre Urbain VI, dans la Lombardie, Et la Reine de Sicile, fille de Charles de Blois, veuve de Loüis I. Roi de Sicile, et Duc d'Anjou n'eût pas plûtot apris son arrivée en cette Cour ; qu'elle lui fût rendre visite, elle l'interessa d'aller faire la demande de Yoland, fille du Roi d'Aragon, pour Loüis II. Roi de Sicile, son fils, en quoi il reüssit encore tres-bien, et s'acquit autant de reputation dans ce voiage, qu'il avoit fait en France.

En 1390. les Genois se voians extremement incommodez des Corsairs de Barbarie, implorerent le secours de France, d'Angleterre; et de Flandres, Tout ce qu'il y avoit alors de grands Seigneurs en France, se trouva à cette guerre, mais elle ne reüssit point, parce que le tems et le lieu combatoient contre eux ; l'Histoire porte, que si on eût pourtant suivi les avis du Seigneur de Coucy, on auroit assurément remporté la victoire, mais le Chef qui étoit un fils de France, ne s'étant pas voulu soumettre à ses conseils, on fut obligé de se retirer.

Le Roi l'envoya encore en Savoye, pour ménager un accord, entre le Comte et la Comtesse de Savoye, et leurs Sujets, pour raison de plusieurs divisions qui regardoient le Gouvernement, en quoi il fit paroître de nouveaux traits de sa prudence le traitté en fut passé cette année 1393.

En 1395. la guerre ayant été declarée aux Turcs en Hongrie, Enguerran ne manqua point de s'y trouver, les Turcs y perdirent par son adresse, en une seule rencontre, vingt mil hommes ; mois Bajazeth I. fils d'Amurath, qui étoit venu avec une Armée de deux cens mil hommes, pour faire lever le Siege, de Nicopolis en Misie, défit entierement les Chrétiens, cette Armée redoutable fût attaquée par eux, contre le sentiment du Seigneur de Coucy, aussi y perirent-ils ; Enguerran fut fait prisonnier avec plusieurs autres, de quoi il conçut tant de chagrin, qu'il tomba malade, et mourut à Pruzze de Bithinie ; son corps fût raporté en France, et fût inhumé en l'Eglise de Nogent. où il avoit choisi sa sepulture, auprès d'Elizabeth d'Angleterre sa premiere femme, qui y avoit été enterrée.

Voilà la fin glorieuse de ce grand Seigneur de Coucy, qui fait le comble de la gloire de sa Posterité. Il est le dernier de cette Branche, issu de l'aîné du nom, et des Armes de Coucy, n'ayant eû aucun enfant mâle.

Il eut trois filles de ses deux femmes, sçavoir d'Isabeau d'Angleterre sa premiere, Marie de Coucy, Comtesse de Soissons, Dame de Coucy, et d'Oisy, dont il sera parlé cy-après ; Philippe de Coucy, qui reçût ce nom, en memoire de Philippe de Haynaut Reine d'Angleterre son ayeulle maternelle, élevée dans le Royaume méme d'Angleterre, où elle épousa Robert de Vere Duc D'Yrlande, Marquis de Dublin, Comte d'Oxfort. grand Chambellan d'Angleterre, elle lui apporta en mariage, les Seigneuries qui étoient dans le Comté de Lancastre, qu'Isabeau d'Angleterre sa mere avoit eû en mariage. La troisiéme fille qu'il eut fut Isabeau de Coucy, laquelle étant fort jeune, demeura en la garde de sa mere, qui en cette qualité eût de grands procés au Parlement pour la succession d'Enguerran, Seigneur de Coucy son mary ; premierement contre Marie de Coucy, fille aînée du même Enguerran, et veuve de Henry de Bar, et ensuite contre Loüis de France, Duc d'Orleans, comme ayant les droits de Marie en la Baronie de Coucy, et par Arrêt du onziéme Août 1408. la moitié des Villes, Château, et Châtelenie, de Coucy, de Marle, de la Fère, et de la Seigneurie d'Oisy; et la quatriéme partie de celles de Pinon, et de Montcornet en Thierasche, fut adjugée à Isabeau de Coucy sa fille ; laquelle épousa depuis Philippe de Bourgogne, Comte de Nevers, et de Rethel, fils puisné de Philippe de France, dit le Hardy, Duc de Bourgogne, et de Marguerite de Flandres sa femme.

BOURGOGNE NEVERS

De France à la bordure componée d'argent & de Gueulle.

Elle mourut peu aprés, laissant une fille seulement, qui ne vécut que six mois, au moyen dequoi les Châtelenies de Marle, et de la Fére, avec le Château d'Assy, retournerent à Robert de Bar, fils de Marie de Coucy.

Il laissa aussi un Bâtard nommé Perceval, qui fut Seigneur d'Aubermont, Terre tenuë en Fief de la Châtelenie de la Fére, lequel épousa Belle-cousine de Serulle, Dame de Serches.

MARIE DE COVCY.

Comtesse de Soissons, Dame de Coucy, & d'Oisy.

La fille aînée d'Enguerran VII. et d'Isabeau d'Angleterre sa I. femme, fut Marie de Coucy ; Pendant que son pere vivoit elle épousa Henry V. Comte de Bar, fils aîné de Robert I. Duc de Bar, Marquis du Pont, et de Marie de France, fille du Roi Jean, qui érigea le Comté de Bar, en Duché ; duquel elle eut un fils et une fille, le fils qui fut Robert de Bar Prince courageux, n'eût point d'enfans, et fut tué par les Anglois à la journée d'Azincourt, avec Edoüard I. Duc de Bar son frere aîné ; Jeanne de Bar la fille épousa Loüis de Luxembourg Comte de S. Paul, Connétable de France, qui fut decapité à Paris.

BAR.

D'azur à deux bars d'or adossez, semé de Croix d'or recroisetées au pied long.

Leur mariage ne fut pas de longue durée, car Henry de Bar étant allé en Hongrie avec Enguerran son beau-pere, il mourut à Venize, au retour du siege de Nicopolis, où il avoit été fait Prisonnier, avec Enguerran son beaupere, laissant Marie sa femme, mere d'un fils nommé Robert de Bar, et de Jeanne de Bar, comme il vient d'étre dit. Elle portoit seulement alors, la qualité de Dame d'Oisy, Seigneurie qui lui fût donnée en mariage, mais ayant succedé à Enguerran son pere, tant au Comté de Soissons, qu'en la Seigneurie de Coucy, elle n'en joüit pas long-tems, car ayant été sollicitée de vendre les principaux biens de la succession de son pere, elle y entendit contre la prohibition du partage, et la loi de la maison, qui vouloit que les biens fussent conservés à la Famille, dans laquelle ils avoient été plus de cinq cens ans, elle avoit eû pour partage avec Elizabeth sa sœur, lors épouse du Comte de Nevers, tous les principaux biens, anciens et patrimoniaux dont cette Maison à été si fort illustrée ; sçavoir la Seigneurie de Coucy, de Marle, de la Fére, d'Oisy, et de Montmirel.

Elle vendit donc à Loüis de France, Duc d'Orleans, Comte de Blois, de Valois, et de Beaumont, frere de Charles VI. qui regnoit alors, la Seigneurie de Coucy, de Folembray, et de S. Aubin, avec leurs dépendances, le Château de la Fére, celui de S. Gobin, le Châtelet, Saint Lambert des Eaux, et tous ses Viviers et Etangs ; la Ville et Seigneurie de Marle, le Château d'Assies, Crecy et ses dépendances, et ce moiennant la somme de quatre cens mil livres, dont elle reconnessoit en avoir receu soixante mil livres contant, et le reste payable à plusieurs termes, elle vendit aussi le Comté de Soissons à part.

Ces ventes n'ayans pû étre faites au prejudice d'Elizabeth de Coucy sa sœur, qui avoit droit de partager également en tous ces biens avec elle ; Philippe de Bourgogne Comte de Nevers, qui avoit épousé cette Elizabeth de Coucy, comme il vient d'étre dit, ne fut pas long-tems à intenter action contre sa belle-sœur, afin de partage dans tous les biens de cette succession, et de faire sommer Loüis d'Orleans d'entendre à cette procedure, le partage ne put étre dénié par Marie, ni empéché par Louis d'Orleans, si-bien qu'il y fut procedé et homologué par la Cour ; le Duc de Nevers eut entre autre chose, de ses biens vendus, les Seigneuries de Marle et de Crecy ; mais Elizabeth sa femme, étant venüe à mourir peu de tems aprés sans enfans, tous ces biens retournerent à Marie de Coucy son aînée, laquelle étant aussi decedée peu après, laissant Robert et Jeanne de Bar ses enfans, ce Robert ne manqua pas de poursuivre aussi Loüis Duc d'Orleans, ayant fait saisir réellement sur lui, le Comté de Soissons, et la Seigneurie de Coucy, pour six vingts mil liv. restans à payer de cette vente. Ce different se termina pourtant par une Transaction qu'ils firent ensemble, par laquelle ce Duc, pour demeurer quitte de cette somme de six-vingts mil livres, donna au Comte de Bar, et lui délaissa la Châtelenie de la Fére, et celle de Marle.

Ce Comte de Bar n'eut point d'Enfans, pourquoi sa succession, tant paternelle que maternelle, échût à Jeanne de Bar sa sœur, en la personne de laquelle continua cette ligne ce Coucy; elle épousa Louis de Luxembourg, Comte de S. Paul, de Brienne et de Ligny, dont est issu Pierre de Luxembourg, pere de Marie de Luxembourg, qui épousa François Comte de Vendôme, dont est issu Charles I. Duc de Vendôme qui épousa la sœur du duc d'Alençon, dont est sorti Antoine de Navarre Pere d'Henry le Grand.

Ainsi finit la seconde Famille de Coucy, sortie en ligne masculine de celle de Guines, laquelle passa premierement dans la maison de Bar, puis dans celle de Luxembourg, et ensuite dans la Royalle de Bourbon, qui en a apporté les biens à la Couronne.

Loüis d'Orleans demeura Maître de la Seigneurie de Coucy, mais il n'en joüit pas paisiblement, ayant toûjours eu des guerres contre le Duc de Bourgogne, et contre ceux de la maison de Luxembourg, et de Loraine, qui durerent trente-trois ans, il perdit deux fois la Ville et le Château de Coucy, la premiere fois, lorsque le Roy y fit mettre le Siege qui dura trois mois, il lui remit pourtant entre les mains deux ans aprés; il fut ensuite fait prisonnier des Anglois. Et peu aprés Coucy fût pris, pour la seconde fois, par Jean de Luxembourg, Comte de Ligny, qui fut en possession de cette Ville, l'espace de vingt-deux ans, et jusques à sa mort; enfin cette Place fut reprise pour une derniere fois, par la Maison d'Orleans, laquelle étant venüe à la Couronne de France, cette Seigneurie y fut reünie par ce moyen.

FIN.

www.ingramcontent.com/pod-product-compliance
Ingram Content Group UK Ltd.
Pitfield, Milton Keynes, MK11 3LW, UK
UKHW020317220726
13923UKWH00003B/1200